HUMANO

JOSÉ GARCÍA VELÁZQUEZ

*"Antes creía que Dios era la verdad.
Ahora creo que la verdad es Dios."*

-Gandhi-.

"En memoria de mi profesora de literatura Mª Ángeles, en el instituto el Majuelo de Gines, quien me enseñó la existencia de la luz mediante el análisis y la razón."

Escrito por José García Velázquez,
Fue escrito en Salteras, en mayo del 2019
Y editado en Salteras por Amazon.

EL YOISMO Y EL EGO.

El pensamiento actual nos afirma que el egoísmo es algo a evitar, algo malo. Pero la verdad es, que es todo lo contrario.

Es la causa misma de toda existencia.

Evitar el egoísmo es vivir fuera de uno, es mirar hacia fuera. Y como el espíritu ansía volver a su lugar de origen, volver al seno de la madre, el espíritu arrastra lo de fuera que no le pertenece hacia él, como si se arrastrara el propio espíritu hacia él mismo.

El hombre actual está tan fuera de sí mismo, que se ha quedado ciego de su propia verdad, no se conoce. Y toda riqueza que adquiere no le satisface, pues alimenta al alma con materia. Que es como saciar el hambre con agua.

Cuando nos miramos a nosotros mismos, vemos nuestro propio ego, nuestro Yo.

Al ver el mundo desde la posición del yo propio, pero del yo verdadero, no del iluso yo que es aquel que es imaginado o deseado, observas el exterior como un gran universo de materias, las cuáles generan alimento para el espíritu. Llegado el ser a tal visión, el ser sólo observa el uso natural de las cosas. Y no su posesión. Porque ésta al no ser natural, pierde su espíritu, que es su utilidad.

La comida vale para saciar el hambre. El agua para saciar la sed. Y el buen sabor de ambas, para el deleite que causa felicidad. Son pautas etéricas que alimentan el espíritu propio. El verdadero yo, y lo enriquece.

Un yo rico enriquece su entorno. Su exterior. Y lo hace más rico sin poseerlo. Se siente rico sin robar nada. Y donde quiera que vaya, será rico. Mas el rico que acumula tesoros se encarcela en el lugar donde éste se halle, y ya no es rico. Es prisionero de lo que le rodea.

Cuando uno consigue andar, tras un tiempo sin poderlo hacer, valora su capacidad de andar. Pues si el espíritu es rico, como siempre fue pobre, igual lo valorará.

El ego es el yo. Alimenta al yo y te alimentas a ti. Pero si alimentas a tus circunstancias que es tu entorno, alimentas a otros, y tú padeces hambre. Y por mucho que alimentes, nunca tu hambre será saciada. Así es vivir en la materia.

La verdadera riqueza radica en lo que te enriquece a ti mismo. No a tu entorno por cercano que sea.

El entorno del espíritu es el cuerpo. Enriquece el cuerpo y estarás enriqueciendo el entorno del espíritu. Y así también el espíritu podrá enriquecerse aún mejor, por vivir en un entorno rico.

El deseo es reconocer la falta que uno tiene. Es ver la biga de su ojo. Ese es el verdadero deseo. Cuando uno se conoce a sí mismo, sus deseos responden a la moral o esencia misma de las causas, pero no a las causas en sí. Es como el enamorado. Siente amor y paladea el amor recibido. Su entorno es la belleza y con ella el conocimiento. Ambas son entornos que causan el espíritu que alimenta al espíritu. O sea. Causan el amor. Pero... una belleza y un conocimiento sin amor, no alimentan. Y el que aquí vive, siempre pasa hambre, siempre es pobre.

Pero el que es rico en espíritu, aún desnudo y solo. Por doquier será rico y enriquece a su entorno. Y el mundo lo busca pues es rico y deseado. Pero el que es pobre de espíritu, por grandes tesoros acumulados, el mundo por donde quiera que vaya siempre le dará la espalda. Pues nadie quiere un ladrón, porque el ego es siempre celoso y ambicioso y sueñan con un dador. Pero... el verdadero dador, y el verdadero ego, se hallan en lo verdadero o esencial. En el espíritu o esencia. Y ese dador es uno mismo.

EL ANCIANO MORIBUNDO
- LA FILOSOFÍA -

Un anciano paladea en su alma el estertor de la muerte y con ella el néctar de lo eterno, de la Verdad. Con tal néctar se ingiere a uno mismo. La muerte es el instante de la existencia en el cuál la Verdad de uno se presenta en el mundo de forma irrefutable. La Vida es conocerse a uno, para cuando en dicho funesto instante uno se advierta no muera, se conozca. Así aquel anciano se vio en dicho instante.

Pensó en él. En el él que había creado día tras día en su existencia terrenal. Pensó en su infancia y en su familia y amigos. En sus profesores. En sus estudios, que fueron de arquitectura, pues añoraba lo eterno desde pequeño. Tras estos recuerdos revivió las inenarrables sensaciones que saboreó cuando inauguraba cada una de sus grandes obras arquitectónicas, desde grandes rascacielos a grandes templos de dispares religiones, o kilométricos puentes que unieron continentes enteros. Pero todo recuerdo era vano y pensó: "Cuánto tiempo perdido, cuánto tiempo robado a la existencia. Toda una vida vivida por el mundo. Y no por uno." El silencio dominó la profunda oscuridad que se abría paso ante él como las aguas de la mar se abren paso al bucear.

En aquel silencio advirtió una única realidad. Se reconoció a sí mismo. Reconoció sus miedos, sus anhelos, deseos y alegrías. Y allí vio una única realidad, que la filosofía es el estudio que altera el interior del ser y en verdad, esto fue lo único que le quedó.

LA JUSTICIA

Toda acción de justicia cobra forma tras un acto materializado de injusticia. Nunca antes al mismo, ya que la justicia preventiva se convierte en terrorismo. Pero el grado de preventiva también ha de ser medido y estudiado ya que no solamente podemos reflejar la prevención en el acto de la consecución del mal, pues hay ciertas faltas menores previas que en su prolongación en el tiempo, con reiteradas presencias, puede entenderse como causantes de la injusticia, y esto sí se puede prevenir como justicia de falta.

Volviendo al inicio. La justicia que actúa siempre tras el acto injusto, se convierte en el impulso que persigue la impunidad. Ya que toda injusticia que no es frenada por la justicia, haya un silencio conciliador que le invita al néctar de la impunidad. Y ésta, la impunidad es el desenfreno para toda injusticia. Por ello, la Justicia es preventiva a la impunidad, pues ha de ser la causa principal de su existencia. Y esta impunidad para ser materializada o presente, necesita el acto de injusticia, el cual no es más que la actuación real del ideal de impunidad que hay en la mente del ser injusto.

La ley máxima de causa y efecto es tan natural como conocimiento antropológico del ser humano. Sabemos todos que si no comemos padecemos hambre. Y si no la saciamos fallecemos. Todo tiene una causa y un efecto desde el primer instante de vida. Y no hablar de la existencia humana.

Por ende, si un individuo actúa injustamente aún siendo conocedor de esta máxima natural, es porque se ve impune a la reacción de su acción, bien sea por su fuerza superior al increpado, o bien sea por alguna ley que le pueda proteger. Sea cual fuera toda acción injusta parte de un ideal de impunidad que se hace patente y público en el acto de injusticia. Por ello vuelvo a afirmar que la justicia es el acto de paliar, erradicar y solucionar el acto injusto. Nunca castigar. Pero sí de exterminar la impunidad, tanto previa al acto injusto como la impunidad masiva que deviene tras todo acto injusto y protegido o silenciado.

EL PODER Y EL GOBIERNO.

Siguiendo este pensamiento se observa que puede darse dos tipos de poderes. El surgido por la impunidad que es el más primario. El observado en la historia causado por la fuerza y la conquista que lleva al hombre hacia el salvajismo. Y llegados a este punto, ¿qué nos diferencia de los animales?

Y un segundo poder surgido desde la justicia defensiva y fiscalizadora de la impunidad. De esta forma se llegó al poder gubernamental actual. Pero... un crecimiento descontrolado de la acción de justicia en pos de la erradicación de la impunidad, causa a lo largo del tiempo un poder. Poder alimentado por los enemigos caídos y las batallas ganadas en canto de la justicia.

¿Qué ocurre cuando este segundo modo de poder, surgido desde la justicia y la victoria ante la impunidad, se convierte en impune e injusto? ¿Quién lo vencerá si su enemigo siempre es la injusticia? ¿Acaso la justicia en tal momento de alzarse contra este poder, será tachada de injusticia? ¿No será la voluntad de la mayoría tachada de impunidad, al enfrentarse con la voluntad de una minoría que triunfa desde este segundo poder?

Llegado a este punto. Si el primer poder hace al hombre salvaje. Animal despiadado. Ahora este segundo poder causa deshumanización desde la humanización, que es más hiriente y nos lleva a un esclavismo que no solo es físico y económico, como el esclavismo negroide europeo ocasionado en las colonias americanas. Sino el esclavismo moral y personal, que es aquel que deshumaniza al individuo, no hasta convertirlo en un animal salvaje y despiadado como en el primer poder, sino en un ser vivo sin voluntad ni espíritu de movimiento. Un no vivo. Como diría Bram Stocker, en un no muerto.

Este segundo poder causaría la muerte en vida.

¿Por qué el exceso del segundo poder, el surgido desde la justicia para truncarse con la fuerza de su poder vencedor, en injusticia e impunidad, causa muerte en vida?

La respuesta es simple.

Porque todo aquello que existe y alberga vida, tiene un inicio, y este inicio es el no ser.

Todo ser surge del no ser.

El no ser es inerte. Ausente de polaridades.

El ser es aquel que recurriendo a su punto originario de no ser, vive en un constante entorno o circunstancia polarizada. La cuál le invita u otras veces obliga a polarizarse. Ante tal pugna de aquel entorno que lucha por la polarización del ser, éste vaga de un lado hacia el otro añorando la paz del no ser. Así la posición natural para el Ser es el punto de equilibrio entre las dos pautas polarizadas en sus extremos.

Pero este punto de equilibrio es una situación equilibrada y no centrada. Esto daría para meditaciones profundas del significado de la palabra equilibrio y centro, ya que nada tiene que ver la realidad del centro. Situación territorial o geográfica que invita a viajar hacia un lado o hacia el otro, según convenga, de forma ágil y fácil. Frente a la situación de equilibrio que no invita a viaje alguno, sino a la quietud milimétrica de dicho equilibrio sin vacilación o desvío alguno. Toda vacilación o desvío del equilibrio sería desequilibrio, y en tal ondulación, sería capaz de danzar por mantener el punto de equilibrio.

Entendiendo así la existencia del humano y del ser, o sea del ser humano. La justicia es la palabra que define a la cosa del equilibrio.

Mientras que el poder surgido desde la victoriosa justicia ante la vigorosa injusticia impune sería el centro. Aquel que aprovechándose de las alteraciones del entorno vive según el entorno y lo usa para su beneficio ilimitado se le tendría que dar el nombre de centro.

Surgiendo así el egoísmo materialista. Que como se decía anteriormente, es la gran controversia del verdadero ego interior, que es aquel que al residir en el interior puede vive del interior y nada del exterior ni desea ni necesita. Frente a este egoísmo materialista que no vive en su interior. Así deja de ser ego y usa la materia para sí, este acto convierte al individuo en un parásito.

Esto podemos advertirlo en la estructura social política de toda la historia, donde aceptar que la mente del hombre está condicionada por su entorno, implica que es una suerte nacer en América o Europa frente a nacer en Etiopía o Nigeria. Los sistemas centralistas tanto por gobierno como por economía en su existencia proveen un imperialismo y estratificación regional, siendo causa de un sistema que como fundamento tiene la intención de manipular la mente del individuo y su ser.

EL EQUILIBRIO

El equilibrio sería materializar el ego interior del no ser, que sería el ser en calma. Este ser en calma alimentado del originario No ser, halla un puente común y universal con todos los restantes seres que le permite vivir en comunidad aún reconociéndose su individualidad. Esto sería el respeto. Partiendo de este principio, toda Justicia no surge en acto de presencia, desde el castigo al injusto ya que esto es venganza, sino en la devolución al no ser del injusto. Me refiero a la llamada justicia rectificativa. Este poder alzado desde la Justicia que descansa en el equilibrio y no en el centro, al hallarse en una constante búsqueda o viaje entre el ser y el no ser, tendría una realidad única común desde el no ser. Servir. Ya que ser servido es vivir fuera del ser porque uno se beneficia del entorno y se dirige al centralismo y no al equilibrio.

Los otros posibles hechos comunes entre los individuos serían imperfectos y causarían mayorías y minorías que es fuente de individuos que se hallan en el interior del grupo común viviendo beneficiosamente. E individuos que al hallarse fuera de lo común, viven al servicio del otro grupo mayoritario, quienes advierten que su fuerza radica en el número. Esto se asemeja al primer modo de poder. El de la fuerza que animaliza al ser.

La Democracia, que es el poder hecho ley de la voluntad de la mayoría, se convierte en poder de la masa. Y esta actúa sin razón, sólo por el impulso del sentimiento. Este sentimiento no es que sea imperfecto, sino que es solo el primer impulso que causa pensamiento. Seguido a este impulso viene el reconocimiento del entorno al que llamamos razón, para después causar el acto. Todo acto desde el impulso, puede ser animal y ausente de justicia, y esto se convierte en impunidad mayoritaria. Porque sólo se advierte la autodefensa y el miedo.

Así, si la justicia ha de brotar del no ser, para lo común de los individuos y no causar un poder para una minoría o parte de la sociedad. Habría que replantear qué llamamos Democracia y qué llamamos comunismo. Ya que verbalmente, estas dos palabras tal vez no estén de acuerdo con la cosa que identifica su uso. Ni la cosa esté de acuerdo con ser relacionada con estas palabras.

Democracia es que la voluntad de una mayoría se convierta en poder. Frente a la voluntad de una minoría. Pero aquí no hablamos de justicia. Solo del poder del grupo mayoritario por volumen.

Comunismo es el poder de lo común y habría que reflexionar qué es lo común para errar y no esclavizar al individuo en la masa animal de lo común y global, sin caer tampoco en qué nos hace común a un grupo frente al otro grupo, causando así una ausencia de respeto que nos lleva al nacionalismo y éste al nazismo. O sea, nazismo y comunismo parten de un mismo ideal y de una misma falla.

Al reconocer que lo común a todo humano es el ser propio del Yo que surge del no ser. Habría que profundizar ahora qué es el no ser, y cómo desde el mundo exterior se observa su presencia. Esta visión nos permite desde lo común observar que es lo dictado de lo exterior, al ser una realidad de la vida exterior para el individuo al éste vivir en sociedad, y cómo conseguir adentrarse en el interior de él que llamo el No ser.

Así podemos ir afirmando ya que toda aquella justicia o legalidad, como poder representativo de la justicia, que descanse su dictado en lo esencialmente humano y humanista, muy cerca estaría de la verdadera justicia en equilibrio del No ser.

Para tal logro y no seguir en divagaciones filosóficas y adentrarnos algo en el mundo exterior, tenemos la carta de derechos humanos redactada por la presencia de Eleanor Rousvelt. O los principios generales del derecho. Id contra esto es ausentarse del gobierno justo.

Pero grandes matices habría que hacer en una observación más profunda sobre la carta de derechos humanos ya que también es usada en su más estricto rigor, para la deshumanización del ser. Como por ejemplo el propio título, Derechos; junto al punto que otorga derecho a la propiedad privada.

Son dos pautas que hacen que el ser individual, el verdadero Ego o Yo interior, salga al exterior y quede encarcelado en las circunstancias. El derecho de la propiedad privada, imprime el acto desde donde el yo interior que nada tiene que ver con la circunstancias del exterior, se encarcele en esta remota y pequeñísima parte del mundo exterior. Su pequeño pedazo de propiedad.

Eliminar estos matices legales donde al dirigirse a un individuo más íntimo y menos cultural o regional, se podrá alcanzar una utilidad mayor y más respetuosa con el término humanos como carta de derechos humanos. Así tendría valor al 50% restante del planeta, quienes al vivir en China, ellos viven sin el derecho o necesidad, nunca sabremos discernir esto en sentido profundo, de la propiedad. La propia carta constitucional de España reconoce el derecho a la vivienda. Está bien usado tal término frente al término de la propiedad. Implicando a la sociedad y al estado a no poder depender de una sola carta ideológica que es el capitalismo. Si se reconoce el derecho a la propiedad como derecho humano, así humanista. También se ha de tener un freno a tal derecho. No atentar contra la supervivencia o identidad e integridad de la persona física.

En la ilustración o meditación del derecho a la propiedad, que no insto a su eliminación sino a su humanización, también acontece con el derecho de propiedad intelectual. Desde donde se acorta la cultura, la medicina y otras naturalezas que alimentan el espíritu humanista de la sociedad. Pero no se reconoce el derecho de esta propiedad intelectual cuando se realiza un estudio de mercado para la instalación de un negocio. Y si funciona, el primer emprendedor que decide invertir en esta zona, para prestar los servicios necesarios que hacían falta en la zona comercial. Pues es esto lo que indica un estudio de comercio. Si es necesaria la presencia de dicho servicio. Años después el triunfo es sólo perfume de otros competidores que sin estudios de mercado, invierten en la misma zona, dirigiendo su inversión a la nueva realidad que se va a imponer. Mientras que el inversor anterior la realizó ante la realidad anterior a su inversión. ¿Dónde queda ahora tal derecho de propiedad intelectual? Tal hecho acontece por el derecho a la propiedad ante el derecho del libre comercio. ¿Libertad para el comercio y no para la cultura o la sanidad profesional o farmacológica?

Es fotografía clara de la necesidad de un replanteamiento humanista. Ni socialista, capitalista ni demás. Humano.

LA SOCIABILIDAD Y EL YO.

No podemos buscar las respuestas de una cuestión inicial en lugares dispares a la territorialidad propia de la cuestión. Así si el individuo en esencia más pura es su yo que es su mente existencial más íntima, como vimos antes, no podemos buscar las respuestas del yo o del individuo en ideales filosóficos creados desde credos religiosos o políticos. Que no son más que creaciones humanas y no realidades puras.

La sociabilidad es una cualidad, capacidad o característica del individuo que es el yo, entendiéndose que ésta ha de coexistir con el propio Yo. De igual forma como un manzano solo ofrece manzanas en sus ramas como fruto, si la sociabilidad surge del Yo, de la mente profunda o alma, ésta en su funcionamiento ha de dirimirse como la mente misma funciona. Para así responder a los impulsos más primarios que le insta a la sociabilidad por naturaleza. Así si el cerebro funciona con sinapsis eléctricas, donde una multitud de neuronas crean redes dispares entre ellas, tal vez la humanidad civilizada debería crear un entorno civilizado similar al funcionamiento de las neuronas, para que cuando éstas causen impulsos, pensamientos o ideas, estas ideas, pensamientos o actos, tengan un entorno familiar a su origen. Tal vez así el individuo no se halle tan perdido en la realidad social que funciona más como masa que como aglutinación de individuos, causando soledad en éstos y brutalidad en lo colectivo.

Pensar en esta realidad social como la causa que marcaría una determinada realidad individual ordenada y dictada por un estamento social civilizador causativo, así todos los individuos actuarían de forma conjunta en pos a una situación determinada. Pues es así como de alguna otra forma el cerebro se comporta. Nos puede llevar a errores históricos de tiempos ya pasados, como sociedades estructuradas en lo ideológico como el comunismo leninista o el nazismo de Hitler.

Esto no debe de ocurrir siempre que la realidad social, como también lo es la realidad neuronal del yo, sea bipolar. Y esto lo observamos en toda la creación natural. En tal bipolación es donde observamos el valor individual y el colectivo. Como diría Euler con su teorema, 1+1=3. O sea, la realidad debe de permitir al individuo una máxima libertad de pensamiento y actuación para formarse según sus propios mecanismos internos derivados del Yo. Ausentándose de dictados exteriores pero reconociendo y conviviendo con el exterior.

Permitir la libertad y el libre pensamiento.

A su vez una segunda realidad colectiva que marca una actuación conjunta, donde cada individuo no tiene un lugar predeterminado sino que en pos a las características propias de su individualidad, él haya un lugar en la sociedad donde ofrezca resoluciones beneficiosas que son propias de su yo.

¿Es esto lo que vemos con el puesto laboral ofrecido al individuo tras unos estudios universitarios elegidos por él? Sí en sentido estricto, pero hay que cuestionarse profundamente, si... ¿funciona nuestra sociedad como un conjunto global unitario, y es la elección universitaria un acto que responde a los impulsos del individuo o a la obligación de tener que escoger dicha elección a edad tan temprana; donde el individuo no ha tenido tiempo a desarrollarse y aún no se conoce a sí mismo? ¿O por el contrario, la homogeneidad de esta sociedad está dictada para utilizar a los individuos en la obtención de beneficios o extracción de recursos, sean naturales o humanos? ¿Y el individuo elige sus estudios sin conocerse y en pos a los dictámenes del exterior, como tipos de trabajo o capacidades de hallarlas?

Adentrándonos en tal situación, vemos que una sociedad estructurada según el beneficio económico, es fácil de dirigir. Si deseo una sociedad filosófica, los gobernadores, alcaldes y reyes han de ser filósofos. Pero si deseo una sociedad de mentalidad estructurada, para una mejor estructuración material de la sociedad. Mejor imponer ciencias puras como causa de beneficios económicos. Como Derecho o Económicas.

Todo individuo ve alterada su evolución personal según su entorno, pero a su vez, él como individuo junto con otros, de forma colectiva marca un entorno para el gobernador, quien marca un entorno legal y económico para los individuos. Por cuanto es fundamental controlar las estructuras mentales de los individuos por parte de gobernador, para así él crear entornos sociales para los individuos y entornos colectivos para sí mismos.

¿Es el gobernador un creador de entornos? Sí.

Pero el gran gobernador es aquel que crea un entorno en pos a la realidad natural y pura de la situación y no en pos a ideales creativos o intereses propios o ideológicos. Todo gobernador ha de conocer las necesidades colectivas e individuales de la sociedad, como el Yo conoce su entorno.

Las neuronas del cerebro cuando surge una necesidad individual que por repetirse en otros individuos se convierte en colectiva. Todos de forma individual se agrupan formando una gran masa colectiva que se mueve como una sola. Pero que no pierde su porción de identidad individual. Esto lo puede hacer la sociedad por sí misma. Pero si hay una visión o visor exterior que sea capaz de ver el entorno, no ya del individuo que cada uno conoce el suyo personal, sino el entorno del nuevo ser causado por la homogeneidad del problema, podrá ofrecer respuestas a impulsos colectivos y podrá dirigir la colectividad sin borrar la identidad. Pero si por el contrario el gobernador no sólo no solventa los problemas comunes de los individuos, sino que tampoco permite su comunicación social entre ellos. Lo que el gobernador hace es robar la identidad colectiva del individuo al no permitírsela.

Ésta situación de robo, ahora que no está en contraposición al ejemplo anterior, donde sí se advierte una situación de colectividad surgida desde la individualidad, observamos que es algo natural la unión de individuos con pautas comunes y esta unión social no solo existe en la solución de problemas, también en la elección de gustos y predilecciones. Donde cada individuo al dirigirse hacia la búsqueda de algo que le gusta, se halla con otros de igual gusto o meta similar. Y es aquí donde surge la verdadera identidad social y civilizadora. Nada que ver con lo territorial o idealista, como política o religión. Sin olvidar que la riqueza de la sabiduría descansa en la gestión de lo común ante lo adverso. Por cuanto una celda de equidades causa socialismo nacional localizado. Y esto lleva al nazismo. La solución antropológica de Biku Parek sobre esta realidad social es el respeto a la cultura dispar. Pero opino que es más perfecto enriquecerse de lo dispar sin tomar lo dispar para presentación de respeto. Ya que el respeto a la diferencia, es una respuesta a un indudable enjuiciamiento exterior desde mi posición, así la sabiduría se enriquece en la gestión de lo común en un mar dispar.

Pues lo común de lo dispar, es riqueza común.

Conocer nuevas metas y en sus choques múltiples, conocer verdaderamente los límites del individuo, viéndose ya no como uno sino verlo todo como un conjunto, nunca el hemisferio derecho de nuestro cerebro hostiga en competencia al hemisferio izquierdo. Sólo el yo ha de compaginar ambas pautas.

EL HIJO DEL HOMBRE.

"Yo soy la luz. Yo soy la vida. Yo soy la Verdad."
Son las afirmaciones sobre su ser, que Jesús dijo.

Se ha de saber que cuando Él, Jesús, habla de sí mismo, no habla de su persona carnal como hombre mortal, habla desde su Yo o esencia. Si el oyente o lector se sitúa en esta posición de entendimiento advierte con claridad su enseñanza. Ya que el yo interior, lo que Pablo de Tarso llamaría Cristo interior, mal llamado ya que el Yo nunca es un rey (Cristo significa Rey), es lo imperecedero.

Cuando el individuo se descubre a sí mismo advierte que el exterior es cambiante. Incluso su corazón también lo es como su cuerpo y sus instintos y necesidades. Cayendo en una contradicción; "al ser cambiantes, no son eternos".

Pero la percepción de la identidad del existencialismo sí está presente de forma constante, advirtiéndose así que esta es la luz de la existencia. Sigo siendo yo. Es la vida misma. Pues ante la muerte lo que fallece es el cuerpo o materia. Pero no así la identidad que desde el nacimiento fue la misma. No cambió. No realizó la senda del envejecimiento que sí hizo la mente o el cuerpo, al ser así, es la Verdad con mayúscula. Todo cambia, pero esta realidad se mantiene constantemente, pudiéndose deducir que todo lo que brote del Yo o exista para éste será eterno. Imperecedero y válido para todos sin excepción.

Y no hablo de religión.

Siendo así... ¿Por qué afirmó: "Soy el hijo del hombre, para después llamar Padre al Todo? Si es hijo del hombre, el Padre es el hombre, ya que brota de él. ¿Es esto una contradicción? Es aquí donde radica un mal entendimiento del hombre en lo respectivo al existencialismo, el cuál advierte que éste llamado el Yo existencial, se halla en el interior más profundo del ser primigenio y alejado del exterior. Sin embargo lo que nos dice tanto Jesús, como Sócrates, quien también usó este mismo término de Hijo del hombre en la explicación de su mayéutica, es que el Yo no se advierte en la contemplación ciega del ser sino por el contrario en la gran observación profunda de todas las circunstancias existentes de la vida. No solo en las que como individuos nos rodean, más bien en todas.

De este gran análisis y estudio profundo adviertes la esencia del mundo y allí se halla el Yo imperecedero o profundo del ser, pues sin conocer el entorno no puedes discernir si el Yo interior que escogemos realmente es el interior y primigenio; o es parte profunda del yo mundano. Aquel que se halla creado por las circunstancias del mundo y de las circunstancias personales de deseos y miedos. Contemplad el mundo, ver al prójimo como a uno mismo, para así conocerlo profundamente y vivir su experiencia consiguiendo de esta forma conocer sus circunstancias y así no solo limitar tu conocimiento. El cuál es limitado a la experiencia personal. Para cuando con el conocimiento adquirido se profundice en el auto existencialismo. Éste realmente no sea limitado. Esta senda nos lleva a un descubrimiento. Cuando se halla este Yo interior desde el estudio contemplativo del exterior. El Yo que advertiremos puede ser llamado Hijo del Padre del Todo. Pues procede del todo.

El yo interior se le ha de alimentar y educar para su crecimiento y su cultivo. Si se vive ciego sin conocerse a sí mismo, uno siempre se hallará en el vientre de la madre. Sin parir. La vida es la experiencia. No dejes al yo sin experiencias, sin vida en la vida. "Decís que veis, pero estáis ciego. Otros dicen que no ven y ven más que los que dicen yo veo."

Sobre la religión cristiana, un pensamiento. "Si según su credo religioso, Jesús es el hijo de Dios. O Dios mismo encarnado en la tierra, y Él afirmó Soy la Verdad. ¿Por qué tiene dogmas de fe en el corazón de su religión o credo?

La verdad no deja de serlo porque nadie la vea o todos la nieguen. Aunque una minoría de uno vea la verdad únicamente. La negación del resto no hará que ésta desaparezca. Así si Jesús es el centro de la religión cristiana, y Él afirmó Soy la Verdad. El centro de esta religión debiera de ser trabajar en su búsqueda, pero nunca en la búsqueda de la fe. La cuál es creencia en algo que al no poderse demostrar, es secuencia de inexistencia o mentira. Son actos profundos de la esencia cristiana como este, los que la convierten en algo medieval, lejano y muy posiblemente falso y contradictorio a la esencia que promulga. Tal vez la visión de Isaac Newton, quien advertía el estudio científico de la naturaleza como una vivencia religiosa, al pensar que conociendo la creación de Dios es el vehículo más directo a conocerlo. Tenga más religiosidad cristiana que el credo dogmático siempre envuelto en una fe ciega.

SOBRE LA META

Toda meta pertenece al mundo de la ceguera que es del engaño, pues solo persigue una única causa. Que el individuo que ansía llegar a ella olvide, no reconozca, no advierta su presente. Y quien no ve su presente, no solo vaga como un ciego. Sino que no se advierte a sí mismo. Al vivir sólo por causa de la meta se olvida a sigo mismo. Olvida su yo.

Igual acontece tanto con el éxito económico como con el religioso, el reino de los cielos está ya en el interior del ser. No es una meta. Es el presente interior de cada individuo. Y el gran éxito económico o laboral, no dista más que alcanzar la sensación de contentarse, alegrarse con la acción diaria que el individuo realiza. Toda meta se puede convertir en causa inicial de una segunda meta y hacerse esta realidad interminable, creándose así la visión que da origen a poderse afirmar que toda meta es una falsedad. La zanahoria del caballo.

El instante presente es tan perfecto como el instante de la meta. Sólo cambia la circunstancia que rodea al individuo. Pero el yo es imperturbable.

La meta es el motivo por el cual el individuo actual vive. Y el motivo es el movimiento no la quietud. Pero este motivo al nacer del conocimiento y la memoria, proyectado o promovido por una falta o por un deseo, surge una ausencia de realidad y un bucear en la fantasía irreal.

La gran meta es vivir de tal forma que haya que aprender constantemente, hasta alcanzar un punto donde advertir que no hay nada que aprender, que no haya motivo por el que vivir. Solo vivir. Vivir sin la memoria, sin el recuerdo o conocimiento que causa situación estática en el individuo, frente al mundo que es un constante movimiento.

Al retirar el motivo de la existencia, es adentrarse en un aprendizaje constante dirigido por un orden y una disciplina dictada por la realidad y no por la mente que trabaja a partir de un esquema o conocimiento.

Al llegar a tal aprendizaje, se alcanza la no acción y la conexión fluida con el todo. Y digo todo refiriéndome al yo profundo y al exterior o catalizador de circunstancias. Al todo fluir, ya no hay un yo y una circunstancia, ya no hay choque. Hay colaboración.

La meta se presenta como un presente futuro y lejano. Algo que hacer que se realizará en un futuro. No ahora. Pero si la acción acontece de forma instantánea a la necesidad observada, que es vivir con el todo. Es hacer que la meta sea un constante presente. No hay senda hacia la meta. Hay senda de metas.

Alejar la causa de vida o de senda, es vivir sin vida, sin acción. Este modo de vida es el único que puede transformar al ser de forma real y paulatina. Alargando las metas, el mañana será hoy. Pero si la meta actual acontece de forma actual. El mañana será realmente distinto al ahora. La meta lejana nos sitúa en un presente tan constante a lo largo del tiempo que causa que el hijo prolongue la vida del padre y éste de su nieto. Haciendo que el ahora sea un presente de eterno pasado.

Todo análisis implica un analizador y el analizador es mente, u cúmulo de recuerdos. O sea pasado. Y este modo de ver la realidad es no ver la realidad, es implicar la realidad del pasado en el tiempo presente y futuro. Cuando el analizador con los conocimientos del pasado analiza su acción presente, ella está dirimida desde los actos de su pasado. Todo se hace uno. Analizador, análisis y analizado es todo uno, influenciado que el analizador hallará conocimientos, para él reales de la realidad, que responderá a su pasado o su análisis que brota también de su pasado. Y esto significa o implica que no vemos la realidad de forma real, sino de forma juiciosa. Esta acción causa división, separación, y con ella, conflicto. Dos realidades visuales obtenidas desde una única realidad. O dicho de otra forma. Dos pasados dispares que chocan en una única realidad presente. Aquí surge el conflicto causado por la ambición o la necesidad, que en origen es lo mismo. Pero si en lugar de analizar o enjuiciar, percibimos directamente. Observar sin enjuiciar, sin pensar, sin recordar. Solo vivir el presente, sin pensar en pasado o en metas futuras. Solo veríamos una única realidad. Al convivir bajo una única realidad, vivimos en la verdad, donde al solo haber una realidad sin juicios ni metas o ideales, surge la gran realidad. La ausencia de conflictos.

De tal forma se deduce que todo conflicto es una carrera hacia una meta común, desde una senda común, pero desde dispares orígenes o pasados. Vivir sin conflicto es vivir sin carrera. Hacer que la meta sea presente y al evitar la carrera, al exigirnos la inmediatez de la meta, solo hay lugar para la percepción. No hay lugar para la idealización de la realidad.

En la percepción el idealismo del yo, mi pasado, mi deseo, desaparece. Queda en silencio, sin conflicto, sin carrera hacia una meta. No hay sentimiento, no hay enjuiciamiento. Por cuanto, no hay ni gloria ni sufrimiento. Siendo necesario hacerse la siguiente cuestión. ¿Es la gloria tan necesaria como para mantener el sufrimiento que la misma conlleva?

La realidad analizada o enjuiciada causa meta. Y se desea alcanzarla de forma rápida surgiendo la ansiedad. Si se desea llegar el primero surge la competencia. Y se desea ser el primero, surge la heroicidad, y en todos aquellos que no lo logra surge el sufrimiento, la desidia desde la que se sacrificaron para un vacío o una nada. La gloria de uno causa sufrimiento y hastío a miles. Esto es muerte en vida. Pues al individuo se le roba el acto de actuar a través del sufrimiento y la desidia. Pero al percibir directamente sin analizar, todos compartimos la misma realidad. Todos fluimos y nos dejamos llevar bajo la inmediatez de la necesidad y la realidad actual. Así nadie sufre. Nadie toma la gloria ni nadie asume el hastío. Nadie fallece en la inacción en vida. Todos están en la no acción.

La heroicidad del arte o el deporte que causa unicidad en la competencia es fuente de evocación, la meta ya no sólo es compartida y deseada por el actor mismo que realiza la senda, también por compañeros ideológicos que conviven moral y mentalmente con el caminante. Esto ocurre cuando la acción de uno es representativa de algo común, solamente en tal circunstancia la heroicidad causa bien común, o al menos, a un grupo y no sólo un bien unipersonal.

Pero después de aclarar tal cuestión y volviendo al hilo narrado donde todos están en la no acción, éstos viven el presente de forma real sin recuerdos del pasado ni enjuiciamientos o deseos de futuro. Solo viven.

Muchos son los que ven esta visión de la vida desde una lejana colina de difícil acceso. Sin embargo es todo lo contrario. De lo que aquí se habla es de la contemplación. El ejercicio de solamente contemplar, observar. Sin enjuiciar, sin inmiscuirse. Sólo contemplar. Pero esta explicación lleva a muchos hacia la idea de vaciar su mente, alcanzando un estado de muerte en vida.

Y no es el caso.

La contemplación verdadera es la que el individuo realiza de forma intuitiva ante el hijo recién nacido. O ante la visión de la persona amada. Regocijarse en el propio hecho, alcanzando así un conocimiento profundo de la realidad observada.

¿Es el amor contemplación, o es el amor verdadero la única situación posible de contemplación dentro de nuestro modo de vivir?

AMOR Y DESAMOR.

El amor es un sentimiento que surge de una sensación que brota de un pensamiento causado por una experiencia. Si la experiencia es negativa el pensamiento surge como impulso a solventar este problema o experiencia negativa, buscándose una solución. Esta solución si se ve tildada de una sensación, normalmente de alegría, surge el llamado amor. Sea por una persona causando pareja o por una actividad.

El desamor no es más que volver a la experiencia inicial desnudo. El pensamiento creó una solución exterior. Cuando ésta cambió o falleció, la mala experiencia que se apoyaba en este bastón vuelve a surgir. Pues nunca desapareció. Y tampoco el individuo fue legal en su sentimiento de Amor al esto no ser amor. Es el uso de otra persona para paliar una mala experiencia. Es el amante y amado un bastón. Lo que ocurre es que la necesidad es tan grave y constante en la existencia del individuo, que su solución embriaga a la mente y surge la afamada ceguera del amor. Por amor se es capaz de heroicidades que traspasan lo cabal. Esta energía o espíritu realmente no trasciende de un estado puro, más bien de una alegría personal de alejarse del antiguo problema tan extensivo en el tiempo que al individuo le causa vivir en un constante pasado.

Su solución es salir del pasado promoviendo una nueva etapa llevándolo a la recreación de una ilusión. La comprobación es la existencia del desamor y el retorno a los días primarios. El retorno al pasado. Por lo que opino que se debe amar sin pensamiento, sin necesidad, sin sensación. Y el amante advertirá la verdad del amado sin saciar su necesidad que es causa de posesión, porque si pierdes el amante o el amado, pierdes el bastón donde el individuo se apoya para paliar la mala experiencia.

Se ha de amar al prójimo como a uno mismo y así ser rico en amor para ofrecer y no pobre en él, pues tal realidad te convierte en ladrón. Al no tener tu corazón ansías robar el de otro.

No se ama al que no se conoce. Conocerse íntimamente, profundamente, es causa de enamorados. O sea. En amor dos. Dos en amor. Podemos deducir que amar y conocer son realidades que van de la mano, como causa y efecto una de la otra. Conocerse a uno mismo es pauta para conocer al prójimo y así amarlo como a uno mismo al conocerlo.

Que el amable que es acción de amar y de conocer, sea tildado de necio, es una realidad que denota la necedad de la presente sociedad quien se extraña de la amabilidad y con ella del amor que es el conocimiento interior, la sabiduría.

Esto ocurre por hallarse encerrada en un constante bucear por el conocimiento del entorno frente al conocimiento de uno mismo, y de cómo éste me afecta. El doctor Paavo, genetista suizo que halló el ADN neandertal, descubrió que el hombre actual tiene un 2.5% de genes neandertales en la actualidad como causa de hibridación de ambas especies. Partiendo así la teoría evolutiva lineal de Darwin. Afirmó en pos al comportamiento que la sociedad tuvo al conocer su trabajo. "No me importa con quién el hombre del pasado se acostó. Me importa cómo eso afecta al hombre presente."

Pensar en esta realidad hoy día es necesario al marcar la pauta del pensamiento de la sociedad. Ésta se queda en la señal indicada. Si ésta indicara un pozo el hombre actual llegaría hasta él y en él se queda. Y si antes moría de sed ahora fallecerá de hambre.

La necedad del necio y la bondad del amable amado es una realidad de esta sociedad al diseñar la mente del individuo hacia el exterior y desde la ceguera, al observar únicamente el entorno sólo comprende y conoce la circunstancia. Pero ni se ve a él mismo, ni al que tiene ante él. Y ni se conoce ni lo conoce. Las personas han fabricado personalidades ajenas a ellas mismas como copia de externos prototipos dictados por un creciente entorno irreal al ser creado por el hombre quien no pertenece a lo natural o biológico.

Prolongando nuestra senda en esta búsqueda sobre el amor, debemos saber previamente adentrarnos en una mayor profundidad de este sentimiento que en sentido léxico, amor es una palabra latina que viene del término indoeuropeo mamas. Siendo el originario en latín, amos. O sea, sentimiento de madre.

Los trovadores medievales con la intención de realizar un canto de protesta literaria contra la opresión y el poder de Roma. Entendiendo Roma como la sede central del Vaticano que es herencia del imperio romano como expresión del poder y la opresión. Usaron el término Amor desde la visión griega, aunque su raíz es latina. Ante tal ejercicio surge que para el griego el prefijo A, es contrario. Y mor es muerte. Amor. Contrario a la muerte, y también de tal raíz surge el temor. Tener la muerte, que es miedo. Este paralelismo es muy interesante en el ejercicio filosófico y antropológico del término amor, principalmente para un uso social y cultural. El sentimiento de amor en la antigüedad nunca fue tan importante como lo es en la actualidad. Este cambio se forjó en la edad media de los trovadores donde se ensalzó los cantos de belleza de la mujer y de este sentimiento de amor, como atracción a una belleza ligada a un culto a la diosa madre que hasta la llegada de la cristiandad en la baja Edad media con la caída del imperio romano, siempre estuvo presente en toda Europa desde su misma prehistoria. Por tal motivo el término Amor quedó relacionado con la intimidad de la pareja, el sexo, la belleza y el matrimonio. Pero antes de esta época de trovadores, nada tenía que ver dicho término con todos estos consonantes de la vida.

Ver el originario del Amor antropológico nos puede ayudar tanto a entender los cantos medievales, como la controversia actual del amor. Donde dicho término sigue siendo usado en la psiquis de toda sociedad occidental cristiana como eco de la enseñanza de Jesús. Amaros unos a los otros. Y Ama al prójimo como a ti mismo. Y claro, si el concepto Amor queda atado sólo a la pareja, ¿cómo relacionarlo con amar al prójimo o a ti mismo? Pero sabiendo que antes que los trovadores realizaran su labor poética y musical, el término amor nada tenía que ver con pareja o matrimonio, surge aquí una nueva visión a estudiar sobre el amor. La cuál realmente bucea en la profundidad léxica de su palabra, tanto en sentido latino como en el juego medieval del uso del griego. Contemplándose ahora a los trovadores como grandes lingüistas como no podría ser de otra forma, cuando venían de un mundo gobernado durante más de doce siglos por el imperio romano, que proclamaba e imponía su cultura de origen griego junto a su idioma el latín. Poder jugar con latín y griego era una realidad más común durante estos siglos de imperio romano, de lo que podamos pensar ahora.

Amor como ausencia de temor, que es tenencia de muerte.

Amor como prolongación de sentimiento de madre, que al ser una visión indoeuropea, también puede tener consonancia con el concepto del Tao traducido muchas veces como madre. Que es la totalidad del creacionismo en la existencia.

De tal forma amor es un sentimiento surgido en un momento de la vida, ya hemos hablado de ellos antes, que causa una liberación de la mente por miedos o temores causados por experiencias pasadas vividas entre el individuo y su entorno, (circunstancia, sociedad...), vive una vida mental de tensión, opresión y de prisión. Siendo el sentimiento del Amor salir de tal prisión.

Esta realidad mental causa una realidad o circunstancia nueva para el yo del individuo. Que es verse liberado de la cárcel de su mente, sentimiento éste de libertad que devuelve a la mente a su estado originario de observación y comunicación y no de interpretación. Por tal motivo el temor es vivir en la muerte o vivir una muerte donde el yo desaparece y sólo queda la tensión ilusa de la mente que se ve ausente del mundo real.

Desde esta perspectiva lingüística, ver el amor a uno mismo es ver la vida sin interpretación, de forma honesta que te lleva a vivirla sin miedos y así uno se ve a uno mismo, consiguiendo alejarse de sus miedos y tensiones. Surgiendo el verdadero yo o sentimiento de libertad.

Al amar así al prójimo como a uno mismo. El hombre tendría libertad plena en su desarrollo personal y sería plenamente objetivo de la realidad, ya que no educa a su mente a la interpretación causada por el miedo, ni a la búsqueda del placer que siempre toda mente ansía o desea.

Llegando a tal senda de contemplación sobre el amor, vemos realmente que esta realidad de ausentarse de la mente y liberación del yo, nos deja en una situación nueva donde el Yo tiene ahora un reconocimiento propio desde donde dispone una nueva realidad. Mente y cuerpo son instrumentos que el Yo usa, son sus posesiones para poder realizar su labor de existencia.

Poder realizar tal labor es auto reconocerse como ser. Es liberarse de ataduras causadas por temores o miedos, es vivir la vida en su inmensidad, no sólo en su mente. O sea. Vivir con mayúscula. Y en una visión más general u holística de la sociedad en tal acción o realidad, es tener una humanidad verdaderamente libre. Llevándonos a reconocer un primer capítulo de este trabajo.

La libertad plena en su esencia es sólo para la esencia. O sea, para el yo. Debemos de crear un mundo donde el individuo para el individuo tenga una libertad plena donde se pueda desarrollar y auto realizar, donde esta libertad sea netamente para el yo, no para las acciones que el yo realiza con sus medios, tanto cuerpo como mente. En tales acciones debe de surgir dos valores nuevos. Igualdad y fraternidad.

Tal vez esto sea realmente amarse.

LA NECEDAD DEL NECIO O LA BONDAD DEL AMABLE AMADO.

Ya hemos observado algunas de las infinitas pautas que el Yo puede ofrecernos en su observancia. Meditar en cada una de ellas, para alcanzar una mayor profundidad canalizada por el interior de cada individuo, y así otorgarle un entorno más real o parecido al que se va a encontrar cuando estas ideas se conviertan en actos y hechos saliendo de nuestro interior y se enfrenten al mundo.

Sería más que necesario para otorgarles la virtud de ver.

No meditar profundamente en ellas y sin tal ejercicio, acatarlas como actos, las podemos condenar a una ceguera por no reconocer la realidad o circunstancia que le rodeará en su hecho. Y tal ceguera ataca a nuestra propia vista y diremos, ¡Vemos!, pero realmente andamos ciegos.

Para seguir nuestra senda de observaciones y mantener la tonificación de este ejercicio sano, filosofar, observar la existencia de la vida con el individuo en su centro, pues nuestra posición de observador siempre nos otorga tal situación que es la del centro y nunca existirá otra posición, más que esta, la del centro. Para el verdadero humano que observa debemos de iniciar nuestro viaje con una afirmación. La ilusión del mundo exterior, al que llamamos vida, pero que realmente no lo es al estar dominada por dos reinos en constante enfrentamiento. No hay mundo sin su presencia. No se reconoce realidad sin su reinado. Ni son reyes sin el otro al no ser reinos de batallas y reyes conquistadores. No gobernadores. Los llamamos. Luz y oscuridad. Bien y mal.

Pero la existencia maniqueista o zoroastrismo del mundo bipolar de negro y blanco pertenece al mundo. No a nuestro mundo humano, el yo, ni menos aún al origen del Yo. Así nunca debemos de tomar parte de todo aquello que no nos pertenece. Ni somos hijos de la luz, ni de las tinieblas. Pues ni brotamos del sol ni de las brumas.

Somos hijos de nuestros padres. Y el yo es hijo de nosotros mismos en auto creación propia.

Moisés usando por razones de época y en pos a sus ansias de poder, la religión, llamó Dios "Yo soy el que soy". Pero realmente en su meditación solitaria sobre la colina del monte durante los 40 días de ayuno, observó esta realidad unitaria del ser. El Yo soy lo soy. Ni más ni menos. Todo es posible y todo toma forma a partir de la experiencia que enriquece al ser primigenio llamado yo.

Volvamos juntos al principio de esta observación. El yo reconocido y desnudo, saliendo al exterior. Demos un paseo de nuestra mano.

Debemos de saber antes de salir que el mundo es un campo de batalla entre sus dos grandes señores o reyes. La inacción no causa experiencia. Por cuanto nos nubla y nos mata. La muerte es la inacción completa. Tal dictado puede pertenecer a uno de los reinos. Y su contrario nos ofrecerá la acción llevándonos a tomar parte. Pero aún siendo más perfecta la acción que la inacción, lo más beneficioso para nuestro interés, entendiendo nuestro como relación con el Yo verdadero, es la No acción. Actuar sin tomar parte. Esto nos aleja del campo de batalla, pero nos invita a la experiencia.

Al alejarnos de la guerra nos alejamos del miedo a perderla y así nos alejamos de la posesión. Nada pierde el que nada tiene. La no acción es actuar de forma desinteresada, alejarnos del egoísmo posesivo que con el tiempo se presenta como forjador del miedo a la pérdida. Cuando el individuo actúa desinteresadamente, desde la No acción, su mente y su cuerpo no se hallan contraídos por el miedo y el estrés a la pérdida. Una mente tranquila y despejada ofrece mayores respuestas y causa más oportunidades y actos perfectos, frente a la mente estresada.

Muchas veces el mundo te coloca en una determinada posición, en la que uno se halla ante un necio. Y ambos reinos desde sus murallas gritan que actuemos bien para el provecho propio, surgiendo así el aprovechamiento del necio; o bien para indicarle su necedad, y que así manchándolo de necio, se observe en la acritud y rectifique. Pero otras veces el necio somos nosotros. Y es aquí, cuando vemos que el término necio tiene un serio problema con el nombre dado. Vemos que el necio no es necio, tiene sus razones. Y que el listo por no ver tales razones, realmente se convierte en necio. Pues la necedad es negar la verdad.

¿Y cuál es la verdad del individuo?

El mundo afirma que tal verdad es la circunstancia o el entorno en el que éste se halla. Pero ¿qué ocurre con sus instintos propios, y con su espíritu que le impulsa a determinadas acciones de forma involuntaria por sí mismas, ajenas todas ellas del entorno?

Es aquí cuando vemos que la amabilidad, que es una realidad brotada del amor verdadero, pues el yo interior de uno reconoce al del prójimo y se ve igual a él. Y tal alegría le causa la necesidad íntima de la amabilidad, de amar de verdad. Pero esta causa nunca será reconocida por el mundo exterior, porque como se dijo antes, el mundo exterior no pertenece a nuestro mundo. Si lo permitimos hace que nosotros pertenezcamos él. Pero éste, el mundo, que es materia, no entiende de pensamientos, no entiende de sabiduría, no entiende de filosofía, de espíritu o de instintos. Solo entiende de lo cuantificable. Como decía Platón, es el Demiurgo, el dios del mundo. Sólo es materia.

El dios de este mundo al ser materia, solo alcanza al sentimiento y su mente al conocimiento o lo cuantificable, pero... ¿es el conocimiento sabiduría?

Ya vimos antes que el entorno enriquece, pero no pertenece. El conocimiento es un entorno que enriquece o empobrece a la sabiduría. Que sí pertenece verdaderamente al Yo como entorno enriquecedor.

Así cuando abandonemos nuestro mundo para adentrarnos en el ajeno o exterior debemos de estar preparados para el combate, la confrontación de sus dos señores. Estar preparados es no tomar parte actuando. La No acción en la actuación negada. Saber que ni uno ni el otro señor de uno es. Llevándonos a estar siempre preparados para la defensa gracias al no verte tras sus filas, te tomará como enemigo. Pero no vivas siempre en defensa, defenderte del enemigo te convierte en amigo de su adversario. Y éste te comprará por el temor al adversario. Temor mutuo.

Haced lo necesario y justo para la sabiduría. Lo sabio. Que es la posición equilibrada de no tomar parte y así surgirá como vimos antes el gran gobernador causando acciones venidas del Yo humano, acciones humanas que alimentan al humano y no al mundo. Realmente la causa de nuestra existencia es esta misma.

Existimos para humanizar el mundo. No para convertirnos en seres mundanos.

Creyendo que esclavizábamos al mundo, éste nos ha esclavizado haciendo que seamos meros seres mundanos. Haciendo que toda posesión o esclavismo, que surgen del mismo afluente, sea causa mundanal, frente a su adverso que es causa de humanidad. Tal adverso es el cuidado y el señorío, no el dominio que es de don no de señor.

Muchos grandes sabios del pasado reciente de nuestra civilización, aún a pesar de ser mundo material y como dicen en la India, Vivir en la edad bélica de Kali, el llamado Kaliyuga. Tanto Plinio, Buda, Sócrates, Lao Tsé y Confucio o el propio Jesús, afirmaban que la causa de la vida es realizar lo que llevamos dentro. Para tal acto es indispensable un ejercicio propio. Auto-reconocerse. Jesús afirmó, "El reino de los cielos está en nuestro interior. Conocerte a ti mismo te hará libre". Plinio afirmaba que la función como individuo es la de alcanzar ser lo que eres. Expresión que se acerca y mucho, verbalmente, a la expresión judía mosaica, Yo soy lo que soy. Ser lo que eres.

La burla a lo que no es demostrable o cuantificable es la gran arma que unifica los dos ejércitos o reinos de este mundo, para la defensa del ataque humano. Así la defensa a ultranza de las posiciones, causando idealismos por ejemplo, surge principalmente de la materia cuantificable.

Encerrarse en esta realidad negando lo sutil, es negar la sabiduría y cambiarla por el conocimiento. Y así, este mundo lento, pero imperecedero, deshumaniza al individuo. Lo aleja del yo. Lo ahoga en un mar de dudas existenciales, situando al individuo en una batalla de sí mismo. Entre la realidad que al poder contar y conocer es materia plausible de realidad, frente a la sabiduría, espíritu, moral o alma, que por no poder cuantificar ni conocer, salvo en lo profundo, toma por mera ilusión. Esta ilusión se define cercana a la idea de este mundo, que impide el paso al auto conocimiento, este autoconocimiento se hace presente en un sentimiento humano, la duda existencial de uno mismo.

Traduciendo esto último. Recuerdo un programa de radio del 10 de octubre. Trataba sobre la visión sociológica que la presencia de Internet había causado en la sociedad y en los niños respecto a su educación.

Una de las pautas surgidas tras profundizar en la idea de forma dialogada como Platón y Sócrates hacía, y con sus libros nos han enseñado. Era que el niño sabía alcanzar conocimientos. Pero que no sabía ni tratarlos ni enlazarlos para crear nuevos pensamientos. Internet con la acumulación de datos ha causado la ceguera del individuo y se ha convertido en una muralla más que separa al individuo de su yo y de la Sabiduría.

El mundo que nos rodea se ha reconocido como entorno y como circunstancia. Y aborda su ataque hacia nuestro Yo más profundo, hacia nuestro interior para asestar un mortal golpe en el humano. Robarle, matarle o negarle su capacidad de discernimiento, inventiva y razonamiento. Poder pensar por uno mismo.

Nos roban la razón y con ella la Sabiduría.

Manipular el entorno para manipular los datos surgidos de éste, que se convierten en conocimientos y tildar a éstos de sabiduría. Es la causa de la lucha de este mundo.

Luchar sin luchar es la única forma de vencer. Cruzar el campo de Marte, el campo de batalla, sin alzar escudo ni clavar lanza, flecha o espada. Solo pasar. Sin el temor que causa la defensa, ni el odio que es una reacción de un gran temor, que causa el ataque. Tomar experiencia, enriquecerse a uno mismo y no al mundo. Éste ya se alimenta solo.

Entendiendo que la riqueza que uno necesita es aquella que le afecta a su persona como individuo frente a aquella que sólo afecta a su entorno. No podemos vivir en pos y por para el entorno, sino para nosotros mismos. Para tal punto, primero hay que conocerse y saber realmente qué necesita uno mismo, no entreteniéndose en las necesidades de mi casa, mi coche, mi ilusión, o mi necesidad. Estos son necesidades de mi entorno. Bien exterior o interior, pero entorno. Incluso la idea o el conocimiento es mente, que es entorno profundo y posesivo del yo. Es la única posesión material que éste puede tener. Pero no es el Yo profundo, sólo es su posesión. Confundir conocimiento e ideas con el yo, es confundir el coche que conduce con la persona que lo conduce.

LA TEORÍA DEL ESPEJO.

La aparición del espejo, el tercer sujeto por el cual yo en mi soledad puedo verme cómo soy para el mundo exterior. Qué imagen doy en cada momento, y así controlar bajo un prisma real mi personalidad. Es considerado uno de esos desarrollos que han catapultado el crecimiento de la consciencia humana de cada individuo. Sin un espejo no sabríamos qué somos. Sólo recogeríamos la información que la sociedad nos ofrece. Y sabemos que la sociedad no siempre es completa, está filtrada por costumbres, culturas o instantes. Pero a su vez, también es el gran fracaso para la consciencia. Ya que su uso no solo ya es el de conocer cómo actuamos en el mundo, si nuestros actos o apariencia se corresponde con lo que pensamos, entendiendo el acto como reflejo del pensamiento. También lo hemos usado para conocer cuál es la imagen que nosotros ofrecemos al mundo.

Cómo la podemos mejorar o manipular. Causando un olvido del yo interior. Quedando solamente el prototipo físico observado por la sociedad, no siendo otro este prototipo físico que aquel que previamente ya nosotros deseamos que se observe.

El espejo ha pasado de ser un potencial de mejora para la consciencia, a convertirse en un creador de consciencia externa que su propia existencia sacrifica a la consciencia interna.

Tal vez esto obedezca a una senda de desarrollo, senda para el uso del espejo.

Al principio se usaría para conocer la imagen que el otro tiene de nosotros. Esto es un profundo ejercicio moral, desde donde nuestra mente puede discernir con datos reales o intuir lo que en la mente de otra persona pueda existir con la llamada teoría de la mente.

Tras saber y concluir esta realidad dominada, se intenta cambiar la imagen para con ella, cambiar la percepción que la sociedad tiene sobre mí.

Finalmente. El deseo o necesidad de ofrecer una buena imagen física que cause una comprensión buena en la mente de la sociedad, sobre nosotros, al ser pragmática y física. Sostenible a pruebas reales y útiles. Termina siendo la única expresión de personalidad. Olvidando la consciencia del yo.

Esto nos lleva a esforzarnos para los demás, a vivir según los demás y a reconocerse desde fuera. Ya no solo no reconocemos nuestro interior, para así conocerse a uno mismo. Y realmente saber qué necesitamos y qué no necesitamos. Sino que perseguimos la necesidad exterior como única necesidad existente. Esto causa esclavismo. Vivir para otro.

Cuando el éxito alcanza al individuo, dicho éxito procede del exterior, llegando con su dictamen de éxito o no. Es aquí cuando la máscara cae, la máscara del éxito no es más que un enjuiciamiento exterior sobre su acción para el exterior desde su exterior. Hemos olvidado el triunfo de uno mismo encauzado para uno mismo, donde comprender los frutos del triunfo en beneficio de uno mismo sin necesidad de airearlos. Solo contentarme con uno mismo. Esta realidad personal y social sobre el éxito, es donde descansa los valores de libertad y realización. Y por desgracia. Envidia, hurto y demás.

Si una sociedad vive en el exterior y ha olvidado su consciencia, solo ansía la gloria. El beneplácito de la sociedad frente al suyo mismo. Y como todos ansían lo mismo, colocar a alguien en tal cúspide, es un punto de diana hacia donde se dirigen todos los dardos. El primero que lo derroque, conquista el trono.

De aquí surge la competitividad, el odio, la venganza, el rencor, el hurto y la injusticia. Todo aquello que trasciende a la ley selvática ante la ley cívica que ha de regir lo social.

La sociedad es aquel grupo de individuos que reconociéndose a ellos mismos, convergen con otros en sus intereses. Y tras todos perseguir lo mismo o tener las mismas necesidades, causa un conocimiento evolutivo y natural del hombre. Comprender que los esfuerzos realizados en grupo causan una mayor fuerza que los individuales.

En antropología diríamos que un hombre no puede vencer al león. Pero un grupo de cacería vence a una manada de leones.

¿Es nuestra sociedad un colectivo de consciencias que se reconocen en un principio, para después tras saber virtudes y necesidades personales, descubrir otras de similitudes o convergencias, para compartir una senda?

Toda realidad ajena a este ideal de sociedad nos lleva a convertirnos en rebaño. Si actuamos de forma conjunta sin razón humana, es lo que ha sido llamado "la masa", siempre tildada de instinto natural y ausente de razón y senectud.

¿QUIÉN SOY? Y EUREKA.

Durante todo este trabajo "hemos estado conversando" (expresión muy usada por Krishnamurti, como expresión dialéctica de indagar verbalmente un pensamiento expuesto. Y no como asentamiento de dicho pensamiento como ley); sobre la importancia del Yo, que nada tiene que ver con el yo exterior, en el sentido que este yo exterior no es más que la identidad mental causada por el modo de vida que el mundo ha creado y diseñado sobre nuestra persona. De tal forma, tenemos ante la cuestión de la identidad que discernir entre varias pautas que afectan a la identidad personal. Causando la identidad biológica, la administrativa, la social, la laboral y la personal. Todas ellas, falsas en su esencia, al no ser más que proyecciones imaginarias, causadas por la necesidad de etiquetar y materializar aquello que no es materia.

Uno se puede ver a sí mismo, o uno puede ver a alguien como un cuerpo, como un DNI, como un vecino, amigo, familiar... cualquier característica social. También como un jefe, un subordinado, compañero... y cómo uno con sus egos causados por ciertos logros conseguidos según la visión de aquellos que te vieron realizar cierta acción determinada. Y según tus miedos causados por los fracasos acontecidos en las mismas circunstancias que los logros antes nombrados. Incluso la personal, por muy pragmática y real que el individuo desee realizarla, también descansa en pies de barro, la visión de la identidad personal sostenida en la ilusión de ser alguien a través de la interpretación teatral de su deseo mejor ni nombrarla. Dicha identidad solo descansa en su ilusión de ser, no en lo que verdaderamente se es. Otra situación muy dispar y no comparable es ilusionarse por ser algo y luchar en formar dicha personalidad de forma real y así conseguirla. Esto sería una carrera universitaria. Esto es otra cosa. Pero tampoco narra o identifica con verdadera exactitud la identidad personal del individuo.

¿Quién soy?

Solo queda ver el existencialismo desde un punto de vista más holístico o general y universal. Hora es de salir al exterior.

El mundo natural que nos rodea. Sí. La identidad biológica antes mencionada dicta una ley máxima en lo referente al existencialismo. Dicha ley se estudia en el colegio cuando aún somos pequeños, entiendo que esto acontece por su importancia, aún sin habernos explicado nunca dicha importancia.

El ecosistema.

Esta máxima biológica y natural es la causa desde donde la vida surge en nuestro planeta, y por la que la misma existe. El equilibrio del ecosistema es la esencia misma de la existencia, de la vida y del existencialismo. Cuando nos preguntamos qué somos, realmente lo que nos preguntamos es a qué parte de este gran todo simbiótico es al que pertenecemos, frente a la cuestión de preguntarse cuál es la parte que nos pertenece.

El animal carnívoro existe y sobrevive de cazar animales herbívoros, y éstos de la existencia del mundo vegetal. Mundo éste que halla su existencia en la cantidad de tierra, agua y humedad que exista en su entorno. Y obviamente, por encima de todo y común a esto, el oxígeno y la luz solar.

Tras la erupción del volcán Toba en el año 70.000 a.C., el mundo se halló asumido en siete largos años de oscuridad, causada por una densa nube de ceniza volcánica que se extendió por la atmósfera del planeta entero, tal era su densidad que la luz del sol no pasaba. Aguas infestadas, aridez en la tierra y muerte de peces y animales, causando así la casi extinción de la vida planetaria y con ella la del ser humano. Siendo esta causa la escogida por los antropólogos como la probable, para explicar porqué la humanidad actual nació de tan sólo 5 madres, y es genéticamente tan similar aún a pesar de las dispares razas.

Si el existencialismo expresa la creación y mantenimiento de la vida. La existencia en su grado más esencial. Debemos admitir y advertir que la Vida se dio en este planeta por causa de un equilibrio del ecosistema. Y se mantiene porque todo un planeta gira en rededor del sol, a una determinada distancia exacta, para que los grados de frío del universo y de calor del sol, sean los propicios para la existencia de la vida. Y ésta por llegar del núcleo de una determinada estrella que explotó hace miles de millones de años. Causando que la esencia más íntima a la existencia material sea común en toda la vida en el planeta.

Somos polvo de estrellas llegado a este planeta de una lejana estrella. Polvo de la misma estrella. Y todo el universo entero es una expansión de un mismo quark fragmentado y expandido en fricción, desde un mismo punto. El llamado bosón de Giz.

Así... ¿es el existencialismo unipersonal o grupal?

Afirmar lo primero es otorgarle una conciencia unipersonal al individuo. Y afirmar lo segundo es aceptar la existencia innegable del equilibrio del ecosistema. Tanto planetario como el cósmico y su teoría de cuerdas. Pero también afirmar el primero es negar el ecosistema y afirmar el segundo es negar la existencia de una consciencia en el individuo. Y es aquí, en esta contradicción controvertida del existencialismo, que no es nueva, donde me gusta apoyarme en la expresión griega "Eureka".

El individuo cuando se olvida de sí mismo, entendiendo este olvido unipersonal en lo referente al yo creado por el mundo o yo exterior llamado ego. Aquel que vive para su exterior y no reconoce su interior o yo verdadero. Volviendo al principio. Cuando el individuo se olvida de sí mismo, y se adentra en la búsqueda practicada por conocer algo. Búsqueda ésta llevada a cabo en sí mismo. Sin profesor, ni alumno, ni himno, sólo buscando la realidad tal como es y la descubre. Cuando el ser humano halla esa verdad de la realidad, de su porción pequeña que le llamamos búsqueda. Surge en tal instante una energía que no es de este mundo actual. La expresión Eureka.

Es un grito.

Cuando el instinto primario del ser advierte una porción de la verdad le impulsa de forma inconsciente y como única realidad, a proclamarlo a los cuatro vientos. Lanza el grito de victoria.

Esto psicológica, moral y filosóficamente, tiene un nombre y una realidad. "El hombre es un ser social por Naturaleza". Aristóteles.

Es el modo de vida creado alrededor como circunstancia y como modo de vida, me refiero a educación, costumbre, leyes de supervivencia económica y social... El causante de crear una humanidad sedienta de sangre, individualismo e insociabilidad. Donde el único trato posible a nivel social, es la del uso y dominio. Pienso que hay que utilizar para que el utilizado se sienta útil. Y no usar, pues éste se siente usado.

La diferencia de ambos verbos radica en el grado de honestidad del acto. La esencia sociable del hombre es la causante de crear la alegría y el orgullo de ser útil. Y es este mismo orgullo el que grita descorazonadamente, pues es noble tal sentimiento. Cuando se ve usado o utilizado. No útil. Y aquí no hablo de recompensa o cobro por servicio prestado. No hablo de economía ni de precio por la dificultad o facilidad del acto. Hablo del sentimiento natural del hombre a ser sociable y que dicho sentimiento natural de sociabilidad tiene un origen evolutivo, ausente del pensamiento religioso del creacionismo. Dicho origen evolutivo de la sociabilidad, descansa en la misma naturaleza causante del ecosistema. Es un punto de equilibrio. Llegando a este punto del viaje. Me pregunto personalmente:

"Si mi labor es arar el campo, me siento como un burro atado al estribo, pues realizo trabajos arduos de física y niego mi existencia moral e intelectual". Pero si descubro una parte, por pequeña que sea de la realidad, sin intervención de ideales o conocimientos que afecten a la limpieza de la observación. La realidad es como es. Por naturaleza misma, el individuo se siente realizado. Así debemos de cuestionar, ¿es la observancia de la existencia y de la realidad el lugar del ser humano, dentro de este ecosistema? Al fin y al cabo es el único animal con un cerebro capacitado para tal fin. Si la base natural del ser es ésta. Y la evolución parte de una premisa básica e innegable, realizar un camino existencial a lo largo del tiempo, desde su misma esencia de ser. ¿Por qué el hombre actual está tan alejado de su lugar de origen y más cercano al mundo animal, tanto en su comportamiento social, individual o laboral?

Ya que nos comportamos como animales, o sea, según nuestros instintos animales nos ausentamos de la realidad, nos negamos a nosotros mismos para entregar nuestra existencia a una realidad creada ajena a nosotros, que es nuestro entorno. Preferimos matarnos y enfermarnos, pero alcanzar la riqueza deseada para nuestro entorno y para subsistir o alcanzar nuestras metas aún en trabajos mentales. Tenemos la necesidad del desgaste energético corporal. Sentirnos mulas de cargas. Tanto en lo físico como en las horas empleadas en la oficina.

¿Dónde queda el Eureka en la vida del individuo? Tal vez muchos de nosotros fallezcamos sin conocer al menos por una vez este sentimiento. Sólo en el amor tal vez tengamos una cercanía a tal sensación. Cuando algo bueno acontece en nuestra vida, ansiamos narrarlo, contarlo, celebrarlo con los demás. Sentirnos unidos a los demás. Es aquí cuando verdaderamente nos sentimos realizados y nos conocemos íntimamente a nosotros mismos.

¿Es el existencialismo y la conciencia el sentimiento individual de estar relacionado con el todo o con la realidad?

Si es así, todos los valores que enjuician causan falsedad, son enfermizos por alejarnos de la realidad, que en definitiva es el lugar de origen de todo aquello que existe.

Para el Yo interior o verdadero, lo que realmente afecta a mi persona. Para dicho yo, el único acto de posesión, la única forma de poseer algo realmente, es la comprensión. Cuando uno comprende la realidad, pertenece a ella. Y ella por simbiosis a él. Son uno. ¿Es esto el amor, simbiosis por conocimiento?

"El reino de los cielos es cuando habéis un día, tenido una buena pesca, y gozoso volvéis para compartir la nueva buena con todos. Y todos estáis gozosos." Jesús.

"En este viaje, lo que estamos tratando es ver si podemos traer radicalmente una transformación de la mente, no aceptando las cosas como son. Sino entendiéndolas, participando en ellas, examinándolas. Dando su corazón su mente, con cada cosa que descubran. Una forma de vivir diferente. Pero depende de ustedes y de nadie más. Porque aquí no hay profesor, líder, maestro o salvador. Ustedes son el maestro, el profesor, el gurú, el líder. Ustedes lo son todo. Pues entender es transformar lo que es" Krishnamurti.

SÓCRATES.

SÓLO SÉ, QUE NO SÉ.

Afamada es la frase del filósofo maestro Sócrates, pero en el mismo grado que radica su fama también radica su mala comprensión. "sólo sé, que no sé nada". Es cierto que si pensamos que saber está relacionado con la sabiduría y no con el conocimiento, el cuál es junto con el sentimiento a lo más elevado que la materia o el mundo material aspira. Y con mundo material me refiero tanto al mundo biológico presente y al ideal pragmático que Descarte implantó en la mente de toda la sociedad desde el Renacimiento.

La nada, el vacío es infinito. No es cuantificable. Realmente la nada es todo aquello que queda en vacío, en paz, en la infinitud como ausente de forma. La nada está ligada al principio del todo, a la oscuridad reinante antes de cualquier existencia previa. Esto puede ser llamado Padre, Dios, Tao, Principio, energía primigenia, o incluso espacio anterior al big-bang, o donde éste aconteció. Todo lo que conocemos o aprendemos de este mundo físico, tanto en ciencia, como en pragmatismo, es conocimiento, conozco a una persona, conozco una ciudad, conozco una ciencia. Se pueden contar los conocimientos que vamos compilando, coleccionando a lo largo de nuestra vida, pero no podemos contar cuán tan grande o pequeña es nuestra sabiduría. Nuestro saber.

Ya que el saber es el acto de cultivar la mente sin meta. Ausente del tiempo. Es comprender la existencia, razonarla y en su conocimiento profundo, albergar lo común de su esencia, con la esencia misma de uno mismo. Para tal acto previamente uno ha de conocerse a sí mismo. La sabiduría es un acto presente del ser. No un logro. Solamente hay que permitir que salga, no silenciarla. Para tal liberación de la sabiduría encarcelada necesaria es la tranquilidad. La ausencia de toda creación. Dejarse llevar. Y ésta saldrá sola, como uno corre al desear caminar más deprisa.

Realizar el camino del viaje del auto conocimiento, nos predispone a realizar el mismo viaje en los dispares conocimientos para así conquistar la razón que es la mente activa en análisis, no en comparación o en enjuiciamiento. Para así alimentar a la sabiduría.

SOBRE EL YO, LA CULPA Y LA CIRCUNSTANCIA.

El ser que vive fuera de sí mismo vive para todo lo externo olvidándose de él. Éste nunca podrá amar. Nunca podrá saber. Nunca podrá conocer nada. Nunca podrá porque estos verbos pertenecen al yo más profundo del individuo. Al amar, poseerá. Al saber acumulará conocimientos sin saber nada sobre ellos al no ser de su interés estos conocimientos o al conocer a alguien conocerá su exterior y lo etiqueta, causando tal vez mote y conflicto. Al vivir así, al vivir fuera de sí mismo, cuando surge un problema que le afecta profundamente, su yo con gran cólera grita ¡no soy responsable, la culpa es del exterior!. Y el individuo tras este grito humano busca en su exterior al culpable, al no encontrarlo, lo inventa.

Pues el gran culpable es su yo exterior que el individuo creó falsamente. Y tal vez estos problemas o conflictos mejor dicho. Surgen desde nosotros mismos para que de esta forma no sigamos alimentando nuestro auto recreación. Y nos alimentemos nosotros mismos.

Es vivir una mentira.

En la vida real del yo, surge una ley máxima. La de causa y efecto. Todo efecto alberga en su interior su causa. La misma frase nos indica que en sentido exterior. Todo movimiento causa un efecto responsable del movimiento primero. Pero en sentido profundo. Lo que nos dice es que cada causa en su subconsciente, por así decirlo. Alberga un efecto deseado.

O sea. Si tengo una pelota en mi mano, y abro la mano. La pelota cae al suelo y rebota en él. La causa abrir la mano. El efecto. Su caída. El efecto de dicha caída, el rebote. Pero... ¿para qué abrí la mano? Tal vez para jugar a coger el rebote.

Lo que esto quiere decir es simple. En todo conflicto existe causa y efecto. Y que el yo exterior que no conoce al yo interior. O el individuo que no se conoce a sí mismo. No reflexiona. Y sólo ve las causas que él mueve o provoca. Y aún sabiendo su efecto, pues es la causa de su causa. No los ve ni los reconoce. Y sólo se hace responsable de su acto. Pero no de su efecto.

Toda acción viene movida por un deseo sostenido en su efecto.

Es aquí cuando surge la circunstancia. Como culpable de interferir en mi acción, para no causar el efecto deseado.

También esta situación de conflicto es movida por el yo exterior, por la ceguera de uno mismo. Pues si el individuo no es capaz de conocerse a sí mismo. Tampoco puede ser capaz de conocer su entorno. Podrá ver el entorno, y conocer sus conocimientos. Pero esta visión del conocimiento es material, limitada. Sin albergar la consciencia grupal al todo. Que es el verdadero conocer.

Cuando un individuo conoce a otra persona. Como decíamos antes. O bien la etiqueta, y es reflejo de un conocimiento superfluo. O bien profundiza en su persona, hasta llegar a compartir ideas y conocimientos mutuos. Igual es la circunstancia que es la acción y reacción del exterior.

Admitir que existe una circunstancia exterior a mi yo. Es admitir un alma grupal del exterior. Una macro-consciencia misma y viva.

¿Es esta circunstancia exterior una teatralidad creada por la mente huidiza del individuo?

El Yo exterior cuando profundiza en tal medida. Podría responder a esta pregunta de forma afirmativa. Pero esta idea, no surge de una reflexión del yo interior. Pues éste al ser una creación ficticia. No existe. No reflexiona. No vive. Es solo un disfraz o vestido.

Pero esta escusa de la circunstancia surge de inmediato, como vimos antes. Ante un problema de conflicto profundo. Por cuanto. No surge de una reflexión. Surge de una certeza constante, la cual nuestra recreación existencial del yo exterior nunca desea reconocer. Porque todo el exterior es una materia a poseer, causando metas y conquistas.

En el momento que el individuo se conozca verdaderamente, conocerá que comparte toda su existencia con la llamada circunstancia o exterior. Y al compartir, ya no habrá ni circunstancia ni conflicto. Pues ya no habrá conquista ni materia que poseer ni metas. Pues tal vez, estas metas, conquistas y deseos. Estas materias que se ansían poseer, son elegidas en un mar inmenso de posibilidades que ofrece el exterior. No por una elección meditada y calculada. Si no porque el yo profundo advierte que comparte similitud con este trozo o región del exterior. Y como el individuo no se conoce. Este compartir se convierte en desear y conquistar.

POLÍTICA Y RELIGIÓN.

Bien pudieran estas dos realidades representar los dos reinos en guerra constante de este mundo. En una profunda reflexión sobre política o ley, y religión o costumbres morales dictadas. Advertí que sus raíces más profundas son contrarias entre sí, pero pertenecientes a un mismo tronco, irreconocible para su propia moral. Este tronco común es el poder, y la necesidad de poseerlo. Estas raíces dispares y contrarias entre sí, son que toda política y religión despreciará el pensamiento, el existencialismo y la filosofía. Pues ésta es una herencia de un tiempo ancestral más brillante que el tiempo presente. Y esta realidad es la mayor crítica que todo poder actual pueda recibir. Que cualquier tiempo pasado, fue mejor que el presente. Es un sentimiento humano común causado por la mente selectiva la cual solo recuerda los buenos momentos y desecha los malos. Pero... si es así la mente. Si es esta la razón... ¡Cuán de brillante es la mente humana y su espíritu, que sólo alberga lo bueno y por naturaleza misma, desecha lo malo! Tal realidad es daga mortal para todo poder que ansía controlar al hombre tratándolo como masas. Como rebaño. La masa, el salvajismo impulsivo y la locura, vienen dada por el gobierno. En el instante que existe un poder que aglutina un grupo de individuos. Éstos se convierten en masa, en rebaño para directrices y dictados. Y se olvida la individualidad del ser. Y con ella. El individuo se pierde y se ciega. Se olvida a sí mismo. Muere.

LIBERTAD, PROSPERIDAD Y GLOBALIZACIÓN

El canto de libertad ante la opresión del individuo ha sido una constante en la historia del ser humano desde que tenemos escritos que dan testimonio. Pero también desde su presencia sabemos de la existencia de reglas y leyes que condicionan el comportamiento social y psíquico del individuo. Reglas y leyes, desde el propio código de Hammurabí, del segundo milenio antes de nuestra era cristiana, que en verdad han menospreciado la cualidad natal del hombre, la de ser sociable por naturaleza. Y en su menosprecio, han causado obligación. Y en su obligación, causan temor, repudia, rebeldía. Y con ella. Leyes que castigan y acortan la libertad del individuo. Ante un acto insocial, siendo necesario cuestionarse, ¿es la libertad un estado de obediencia social, o un estado de ser capaz de hacer cuanto uno quiera, sin reconocer límites, desde el propio yo interno? Aquel que existe cuando aún no sabemos hablar.

Esta cuestión ha sido trasgredida desde el pasado hasta nuestros días, tanto por la impronta del individuo social ante la ley gubernamental. Como desde el gobierno como ejecutor de actos por ley y poder, frente a la población. Donde el gobierno se guarda de una gran libertad de acción, impulsada por una idea. Representa el bien común. Esta idea causa un nuevo idealismo civilizador. Donde el individuo advierte que él por sus propios medios, no es capaz de alcanzar ciertas metas, que de forma colectiva sí es posible. Esto ya se advirtió en la prehistoria con la cacería de grandes reses.

¿No es esta ideología de lo común, una visión sobre la realidad, que acorta la libertad del individuo? No desde la obligación. Si no desde su propia mente más profunda. Donde él mismo se advierte como incapaz o limitado para la acción deseada.

Pero a su vez, esta idea o visión de la realidad civilizadora o de convivencia común. Causa una nueva realidad. Un entorno de muralla hacia dentro. Y una realidad muy dispar, de muralla hacia fuera de la ciudad. Esto conlleva la existencia de la división, tanto social como territorial e ideológica. División que causará en la historia el nacionalismo y el fanatismo. Ante el canto de la igualdad. Igualdad que causa sensación de libertad, pero que el acto de la misma, siempre causó una mayor esclavitud, ya que el hombre que por naturaleza es sociable y servicial. Al hallar una realidad social convergente con su impulso social y su necesidad o circunstancia, se comporta de forma intuitiva y ciega. Se convierte en masa. Y la masa al tomar identidad propia, causa una nueva visión de la realidad en la mente de cada individuo. Aquellos que están dentro de la igualdad y aquellos que no son iguales. Olvidando así el respeto y la convivencia.

Esto surge porque toda esta realidad de libertad, igualdad, derecho, causan una contra-realidad de esclavismo, estratificación y obligaciones. Por cuanto.

Toda libertad legal causada desde la mente, es esclavismo.

Pues toda idea o conocimiento, es parte de un mundo material. O sea. Parte de la circunstancia. Y esto nos lleva a un punto ya tratado. La circunstancia que ya no es externa. Si no interna.

Nunca debemos de recrear en el mundo exterior nuestros deseos, como circunstancia de vida, algo que pertenece al instinto más personal del ser o del individuo. Ya que al tomar como realidad la convivencia social desde la visión del entorno. El ser, el individuo se olvida de sí mismo. Y niega que él sea sociable. Afirmando que es sociable por el entorno. Pero sin éste. Él por naturaleza es un animal y es un lobo para el hombre. Es aquí donde surge la gran ausencia de libertad, en un mundo de libertad. Ya que has esclavizado al yo profundo. Al ser. Y dicha libertad solo existe para el prototipo de personaje que has creado bajo el dictamen. O sea. Dictadura del exterior.

La libertad plena causa libertinaje. Pero si éste acontece desde lo moral. Que es el estado natural del individuo y del ser. El libertinaje lejos de ser malo. Se convierte en el catalizador civilizador y social más notorio que pueda conocerse. Este libertinaje moral y social, con sus efectos reales pueda ser fácilmente advertido al comparar la sociedad del norte de Europa. Con la sociedad del sur que conviven en las costas mediterráneas.

Lo mismo acontece con el llamado progreso. Palabra que siempre ha sido usada como necesidad del mundo. Y en sentido estricto. Lo referente al progreso es aquello que causa la evolución natural de las especies. Pero… ¿es dicha evolución un progreso, una senda hacia una mejoría real? Han surgido muchas dudas ante esta cuestión, y muchos defensores, que siempre han colocado al ser humano, al hombre, en el eslabón más alto y evolucionado de la naturaleza. Sin preguntarse previamente si esta posición de hegemonía responde a una realidad o a un deseo que se convierte en realidad en el interior de su circunstancia auto-creada.

Si el entorno natural fuera observado desde una perspectiva de contemplación, en lugar de una visión analítica y juiciosa. Vemos que el entorno global es un gran ser, donde cada existencia converge de forma natural y simbiótica con el entorno. Por cuanto la realidad convergente nada tiene que ver con la realidad competidora que el hombre busca para su existencialismo, que es una realidad surgida desde la vivencia antropológica de cuando el hombre fue cazador.

Muchos filósofos y antropólogos acusaron al hombre cazador como culpable del existencialismo egocéntrico.

Personalmente niego tal posibilidad. El cazador cazaba para sobrevivir. Y el ser existencial contemplaba su entorno por tener su supervivencia ya conseguida. Por cuanto nada tiene que ver el existencialismo con el egocentrismo.

La suma de ambos extremos. Y digo extremos porque egocentrismo surge del ideal de posesión material. Y el existencialismo surge de contemplación, que es causa de conversión y convivencia. Verse parte del todo. La suma de ambos extremos surge con la aparición de las civilizaciones legalizadas. Que son las narradas por la historia. Las civilizaciones no legalizadas pasaron al nivel del mito y no de la realidad. Pues... ¿qué es realidad, el entorno interior de la muralla, o el exterior a esta muralla que rodea, circunda y divide, la ciudad con el exterior natural y común?

El hombre se halla preso de la realidad civilizadora recreada de forma artificial por él mismo, en el interior de sus murallas. De sus ciudades. A esta circunstancia le otorga el adjetivo de realidad. Pero en verdad no lo es.

La ciudad es materialización de su ideal o mente.

Esta realidad recreada y ausente de realidad biológica y natural, sirvió para un enriquecimiento evolutivo de nuestra mente. Llegándose a pensar que como el entorno es recreado por la mente del hombre. Ésta, la mente es el verdadero yo, ya que converge con el entorno y una hegemonía total de existencia. Al separarme de lo natural. Tal hecho causa un idealismo sobre nuestra realidad, que afirma "pienso, luego existo", y me cuestiono, ¿el enfermo de alzhéimer, o el demente neuronal no existe?

Bien habría que diferenciar entre existencia biológica y vida. Muchas veces sacrificamos nuestra vida, en pos a una mejor existencia biológica. Realidad que nos lleva a cuestionarnos si es mejor ¿vivir o existir? Tal pregunta siempre causó extremos en la mente del hombre. Extremos para lo dionisíaco o lo bacanal, en la visión del vivir sin importar la existencia. O el heroísmo de Alejandro Magno o París, que negaban la importancia de supervivencia, y apostaban toda su existencia al hecho de vivir. Frente al enfermo que niega todos los aspectos de la vida. Por tal de sobrevivir.

Como afirmó Buda. La mesura y la senda del medio es la más ancha y perdurable. Negando así la vida asceta que hasta tal instante llevaba, y la vida principesca que antes tuvo con su familia.

Por cuanto. Progreso hoy día, es referible a la materialización de las ideas pensantes, alimentadas o surgidas del conocimiento. Causando una existencia exterior recreada por la posesión del yo. Conocimiento y mente. Que vuelve a negar y a encarcelar, al yo más íntimo, personal y natural del ser.

Este otro yo surgido de la mente y de la idea. No de lo natural. Sí que no es social, ni civilizador ni servicial.

¿Por qué? Simple, es un yo recreado a partir de la posesión del Yo. La mente, la idea y el conocimiento. Todo aquello que surge de lo posesivo. Será posesivo por cuantas veces lo recrees o lo partas en mitades. Como decía Lao Tse. Conocer el origen, es conocer la realidad. Si todo procede del Tao, todo es parte del todo. En este caso. Como todo procede de la posesión, todo es posesión. Es una huida del todo natural. De la realidad. Huimos de lo que somos y de donde procedemos.

Lo que hizo el hombre en su idealismo de recrear un entorno a partir de sus ideas y conocimientos, tal vez movido por el miedo de luchar con lo biológico y natural. Siempre visto como el enemigo. Se aleja del Todo. Y comienza a bucear en un estado líquido, de fácil cambio, donde se siente seguro y alejado de su origen.

Nunca un hombre o un ser, nació de una civilización. Ésta, la civilización, sólo recrea conocimientos y mentes. Esta creación causa sólo la existencia de individuos que buscan el conocimiento para causar una posesión material. Si tal conocimiento no se traduce en una recreación. No tiene sentido. Es inservible. Esto nos lleva a la creación masiva de individuos, ya no personas, que nacen para la producción material de todo aquello que sirve o es necesario para la supervivencia biológica. Y las leyes que se realizarán, para mantener este estado de individuos productivos, se dirigirán hacia la supervivencia biológica y material como única supervivencia real. Negando la supervivencia moral del ser.

Pues para qué necesita un robot que fabrica muebles durante catorce horas diarias, una ley que defienda su moral. Si ésta ya no existe. Sólo piensa en hacer muebles. Sólo sabe hacer muebles. Y sin ellos, se advierte a él mismo, como un fracasado e inútil.

Esta palabra última es necesaria de una observancia. Aunque fuera corta. Inútil, es una negación de utilidad. Y utilidad es un verbo que recoge la valoración de un bien a partir de su producción. La cuál, la producción no siempre ha de ser material. También puede ser de servicio, que no servicial. Por ello. Inútil es un adjetivo del verbo ser, que identifica una libertad del ser, de su cárcel material. Para iniciar una nueva andadura por un mundo inmaterial. Más cercano a uno mismo que al mundo del hombre. Ya no das servicio o produce para la prosperidad del mundo. Ahora surge el instante desde el cual, en su soledad. El individuo se conoce a uno mismo. Y comienza a vivir para él mismo. No para el mundo y su entorno. Desear estudiar en la mejor universidad. O que sus hijos estudien en tal lugar. Es vivir en el mundo del hombre productivo. Mientras mejor preparación tenga, más conocimientos su mente albergará. Y mejor servicio productivo ejecutará. Y más dinero por recompensa a su producción obtendrá. Como vemos. Lo más sutil y etérico de la riqueza, también obedece al mundo servicial de la producción material. Aún más desear un modelo de vivienda, ropa o coche.

A partir de ahora, esta expresión para hablar de globalización será más veces usada. Mundo del hombre. Y mundo real.

Una vez que el individuo ha tomado el veneno de la libertad material y posesiva. Olvidando la libertad del ser. Y tras ella, bucea en una existencia donde el entorno material del progreso dirime lo que es real y falso o ilusorio. Causando demencia y locura en su negación. El individuo está preparado para acometer el siguiente paso. La globalización. Ya no sólo el hombre vive fuera del mundo real. Teniendo una vida en muerte en el mundo del hombre. Si no que ahora será usado por el mundo del hombre, como un gran soldado que extenderá su reinado por todo el mundo. Pero esto de globalización, como vimos también con los estados y unión de estados o federación de estados. Tampoco es nuevo. O qué eran si no las calzadas del imperio romano. Las cuáles todas surgían y se dirigían hacia Roma.

La presencia de religiones monoteístas de credos etéricos envueltos en dogmas de ciega fe. Fueron el primer impulso que descarnó al ser y retiró al hombre del mundo real. Lo preparó para la subida a los cielos, los cuáles supuestamente era el mundo del hombre. El mundo donde la comodidad, la riqueza y los deseos materiales eran saciados. Una globalización de este mundo, fue entendida en la antigüedad como la presencia o llegada del reino de los cielos en la tierra. Pero ¡cuán lejos esto está de la realidad!

Sí. Fue un gran engaño. Nunca sus mensajeros, extrañamente deificados, ya que ellos hablaron justo de lo contrario de lo que las religiones predican. Afirmaron que lo divino o que su visión de la vida estaba ligada a la riqueza, la tecnología, la libertad y el progreso. Pero sin estas religiones, todo esto no habría sido posible.

Dicha globalización al ser una expansión territorial del mundo del hombre. Cada ciudad es un bosque menos. Cada fábrica es un río menos con su desperdicio. Por cuanto o el individuo recobra su estado natural del ser, para convivir y contemplar la vida. No para analizarla y recrearla en su mente. Para después con sus ideas y conocimientos volverla a crear para su mundo. No para la realidad. O el hombre no sólo será un lobo para el hombre. Si no un virus para el mundo.

Pero en un análisis más pausado, podemos ver que desde su principio de creación. Este modo de vida analítico del hombre, que causa ideas y conocimientos. Por cuanto libertades y progresos materiales, estaba destinado a este fin de globalización, en pos a la necesidad de crecimiento, que es en esencia el término progreso. Sumar más a lo que ya tengo. Crecer.

Pero si la libertad fuera moral, el libertinaje como vimos antes, habría sido el catalizador social y civilizador. Si el progreso hubiera sido un canto a la perfección del ser. No sería necesaria en su crecimiento la conquista, bien por territorio, por riqueza o servicio. Uno de estos ejemplos se observa en la actualidad con el CERN y la física cuántica. La cuál hallándose ella en un bucear sobre las causas que provocan la vida y la existencia de todo el universo. El mundo del hombre sólo sabe preguntarle al hombre de ciencia. La utilidad de estos conocimientos. O sea. ¿Qué nuevo producto tecnológico puedo vender, y que sea útil para el individuo, y así éste trabaje para pagármelo? Si la respuesta es negativa. Causamos pobreza en la vida del investigador. Le retiramos los fondos. Para que el progreso de la ciencia no prosiga por tal senda.

Como vemos. Es una domesticación de la bestia por la bestia para terminar en el sacrificio del ser. Y yo me pregunto movido por mi circunstancia cultural del sur peninsular. ¿Y no se parece todo esto a una triste broma del destino, donde anualmente celebramos el sacrificio y muerte de Jesús, al que Paulo de Tarso lo proclamó como el Cristo interior? O dicho de otra forma, ¿nuestro ser el cuál por el modo de vida, el mundo del hombre lo está sacrificando día tras día? Comprendiéndose así que su reino de los cielos no era de este mundo, y que su mensaje en verdad nada tenía que ver con la muerte tras la vida biológica.

Negarse a uno mismo, es negar la causa de su creación. De su existencia. Es negar su existencia. Al religioso le diría. Negarse a uno mismo, es negar a Dios.

Lo trascendido es aquello que es comprendido.

La disciplina es el acto del discípulo del alumno.

El discípulo no es el alumno que sólo memoriza y está acomodado. Si no el alumno que aprende a conocer activa y constantemente. La enseñanza de memorización es para el conocimiento, o sea, para el manejo y el desarrollo de lo material. Pero realmente aprender no es la acumulación de conocimientos de dispares materias y disciplinas. Es el movimiento constante, ajeno al conocimiento, cuestionando y dudando de estos conocimientos. Esto rompe la quietud del conocimiento otorgándole movimiento. Vida. Este movimiento del aprendizaje trae un orden y una disciplina en su movimiento. Para tal acto, es necesaria una gran observación constante y sin motivo, para así conseguir fluir en el movimiento y ver realmente sin conocimientos que alteren la visión de la realidad.

La sabiduría es el corazón que causa la inspiración. Y ésta no surge del conocimiento, si no desde el estado mental de desconexión, que es el mismo origen del todo. Que aunque parezca vacío, está henchido de todo condensado. Es como la luz, un vacío henchido de fotones condensados.

Como afirmó John Dee, "la cultura es un cultivo". Es un trabajo mental diario, incluso es necesario remover la tierra y extraer de ella sus esencias más profundas y exponerlas al sol.

EL DOLOR Y EL TEMOR.

El temor, el miedo o el terror y el dolor o padecimiento, son realidades del mundo físico. No es una realidad perteneciente al mundo del Yo. Sólo existen dos causas de miedo o dolor. El mental y el físico. Siendo el mental el miedo o dolor causado por una pérdida. O sea. Por sensación de posesión o anhelo. Por cuanto mental. Y el miedo o dolor físico, como causante de un porrazo, accidente o muerte del cuerpo físico. Pero siempre está sujeto a una materia bien física o posesiva.

El miedo o sufrimiento más doloroso, sea terror, miedo o pérdida; siempre es causa de dolor. Surge por la pérdida de algo material. Parte del cuerpo, por pequeña que sea. Como una uña de una mano o del pié. O de sangre derramada. O dolor por pérdida de un objeto que causa o causó o aún causa apego y dependencia. Tal situación doliente de pérdida, trasciende de otras dos situaciones iguales en dolor anterior a ella. Una, la esclavitud del ser vivida durante el tiempo alegre que el individuo convivió con la dependencia. Que es una esclavitud que causa estrés y necesidad, aunque su dependencia es tan grande, que éste, el individuo, no aprecia su sufrimiento. La segunda, es la necesidad o ausencia, que esta dependencia saciaba.

Cuando la dependencia o apego ya no está. Vuelve el mal antiguo. Este dolor o sufrimiento es en verdad algo del pasado retornado al presente. Este antiguo dolor que nunca salió de la vida del individuo, se presenta ahora con tal fuerza, que ciega al individuo de ver su libertad por alejarse de la dependencia. Como antes en la dependencia del apego, tampoco veía su esclavitud, por así saciar el antiguo dolor. Se olvida al yo, y se vive el dolor causado a la teatralidad exterior material que hemos creado. Vivimos y sentimos desde el exterior y para el exterior. No desde dentro, y para dentro. Por cuanto todo dolor, miedo o padecimiento, siempre surge de un apego. De algo físico.

Siguiendo la misma línea de miedo o dolor como reacción moral que desde la materia atenta al yo. Hay que reconocer que el miedo más desgarrador y común, es el miedo a lo desconocido.

La palabra desconocido quiere decir situación mental ausente de conocimientos. Y es a esta situación a la que me refería anteriormente, cuando hablaba del silencio mental que libera a la verdadera sabiduría. La que permite admirar la realidad sin juzgarla. Sin materia que poseer ni obstáculo limitado que limite u obstruya la visión real del todo. Por ende, el mayor miedo del ser humano es conocerse a uno mismo. Ya que implica bucear en un gran mar desconocido y limpio. Sin forma. Sin materia. Virgen. Sin conocimientos que son las materias posesivas del yo. Este miedo al gran desconocido, que es uno mismo para uno mismo. Es de necesidad imperante para causar una realidad común de nuestro modo de vida. El deseo de ser.

Quiero ser futbolista, carpintero, rico, famoso, profesor, químico, abogado, o cualquier otro papel de la sociedad que el individuo por apego, gusto o influencia desee interpretar.

Es el miedo que causa dolor a uno mismo, a conocer sus limitaciones, que en sentido estricto son ilusas y erróneas. Pues cada limitación es causa de materia, y el yo no lo es. El único y verdadero causante del enjuiciamiento, compararse uno mismo con los que les rodea, causando pobreza, ya que al enjuiciarse y compararse, siempre el individuo se advierte como inferior.

Es esclavo o dependiente de su entorno.

Esta realidad conlleva consigo una obviedad. Si su entorno es pobre, él también lo será también. Y esto nos lleva a una realidad bipolar o maniqueista, donde siempre hay un pago que pagar como toda causa. Así que el deseo de ser, surgido por la necesidad de evadirse del miedo al desconocimiento de uno mismo, nos impulsa a copiar, a apegarnos a un exterior que al ser material nos permite o podemos cuantificarlo y enjuiciarlo, hasta copiarlo. Hacerlo nuestro. Y nosotros parte de él.

Pero como decía. Esto es maniqueísmo. Siempre habrá un pago que pagar. Y toda riqueza causa pobreza moral y esclavismo material. Sea por vivir según la materia, o esclavismo laboral para poderla pagar. Mientras que si uno es pobre. Será rico en moral, pero no apreciará su riqueza por el dolor de la presencia de la enfermedad, la insuficiencia y la muerte.

Este mundo sólo permite escoger una de las dos realidades concernientes al hombre. Moral o material.

Escojas la realidad teatral y virtual que escojas, siempre pagarás un alto precio de estrés y dolor, que no es más que el causante que te impulsó a escoger el papel. Convirtiéndose este papel de actor en un bastón o punto de apoyo para tu mente. Por el cual facilitas la carga del gran miedo que el individuo se tiene a uno mismo por causa del desconocimiento.

Perder el modo de vida, o padecer problemas que causen inestabilidad en el mismo, no causa dolor. Pero nos retira el apoyo por el cual nos defendemos del doliente miedo a nosotros mismos. Es este miedo de no conocerse el que paraliza la mente del trabajador despedido o que se esfuerza aún más, para evitar su despido. O del trabajador que olvida su vida, en pos a un crecimiento empresarial para luchar contra multinacionales. Es un dolor causado por el miedo a enfrentarse al gran vacío que es uno mismo.

INTROSPECCIÓN.

Conocerse a uno mismo es introspección. Todo lo que afecta al yo lo altera y lo modifica. Así se enriquece. Por cuanto conocerlo causa ya un cambio. La costumbre de la introspección. De ver la realidad profunda y clara sin juicios ni conocimientos. Sólo contemplarla, no analizarla. Cuando esto ocurre con uno mismo. También ves al mundo desde la misma posición o forma.

Vives sin miedo, sin dolor.

No hay mayor miedo y dolor que la guerra en este mundo del hombre. Pero la guerra o el enfrentamiento también es una reacción temeraria y doliente que huye del mismo miedo. Del desconocimiento a uno mismo.

Toda guerra surge como causa de solución a un problema, el cuál es atajado y eliminado sin solucionarlo. Pues solucionar es alterar la raíz para que el brote no sea problemático o enfermizo. Atajarlo es cortarlo de raíz. Sin importar la causa por la cual, la raíz del brote era enfermiza.

Por tal motivo. Toda guerra es ciega e injusta. Ya que el agredido es inocente del mal, por estar siendo agredido por el verdadero causante del mal. Y se convierte en doblemente agredido. Y el agresor se convierte en un cobarde ciego. Que huye de toda introspección y niega la realidad afirmando que ve, y no ve nada. Sólo su pensamiento. Su idea. Por cuanto toda guerra surge de un análisis y de un enjuiciamiento.

Nunca la contemplación causa guerra.

Si la contemplación es ejercicio del yo. Y el análisis o enjuiciamiento comparativo es ejercicio de la mente. El dolor lo causa la mente. No el yo.

¿Es el dolor del miedo a lo desconocido, una defensa de nuestra mente contra un mortal ataque de nuestro yo, una defensa contra nosotros mismos? Analizar tal cuestión es iniciar un auto conocimiento verdadero.

EL INDIVIDUO

Individuo o indivisible en dos.
Cuando nos identificamos con este término, de forma directa nuestra mente nos advierte como un todo unitario. Y digo bien. Nuestra mente.

¿Nuestra mente nos observa?

Esta es la cuestión por la cual deseaba observar detenidamente este término. Pues siempre pensamos desde el renacimiento, que somos lo que pensamos. Que si consiguiéramos salvar nuestra mente de nuestro cuerpo físico, conseguiríamos prolongar nuestra vida. Nuestra existencia. O sin ir tan lejos, en la ilusión de la ciencia o de la ficción. Tan arraigada se halla la idea de existencia y vida en lo respecto a la mente, que leyes, costumbres y medicina convergen en esta realidad ante la muerte.

La existencia y la vida trascienden a la mente.

No importa tener el cuerpo dormido. No importa ausentarse de los sentimientos y las gracias de una vida plena. Mientras el individuo consiga mantener su consciencia. Su mente. A esto le llamamos vida.

Pero... cada vez que decimos individuo. Es nuestra mente quien nos observa como un todo ajeno a ella.

En la ley del aborto se observa este pensamiento también, donde la existencia mental trasciende la vida y la existencia del todo, y obviamente del cuerpo. No importa que el feto venga enfermo, o que se estime una vida de penumbra. La existencia mental dicta todo lo demás.

No digo que la existencia mental pueda no existir. Es una parte muy importante del Individuo. Pero no es el individuo. Es su hogar, su riqueza, su posesión, su conocimiento a través del cual el individuo se identifica y se conoce, pero cae en una teatralidad dictada por el exterior, ya sea el exterior de su yo, que es su mente; o el exterior mundano que son las circunstancias que nos rodeas advertidas desde fuera. Ya se habló de esta situación donde el individuo cree ser abogado y no advierte que solamente interpreta este papel, y que si en su infancia hubiera escogido ser físico, él sería el mismo a la edad presente pero con otro papel a interpretar y otra mente.

Al analizar, enjuiciar, dividir lo que llamamos individuo, igual necesitemos un fino elemento de corte para seccionar las dispares y finas capas que van componiendo lo que llamamos individuo. Algunos hablarán que es la suma de cuerpo, alma y espíritu, otros dirán que es el reflejo del yo superior reflejado en el espejo de la mente o mundo ilusorio. Pero la verdad es que somos un todo conjunto, indivisible y armonioso. Es esto mismo lo que podemos apreciar en la naturaleza con su existencia simbiótica del medio ambiente. También nosotros tenemos tal existencia y es esta misma la que causa lo que llamamos individuo.

Lao Tse en su Tao Te King afirmó que el origen del todo es la no existencia y la madre es la formadora de toda forma o materia, afirmándose de forma implícita que la madre naturaleza es la que nos otorga forma desde la no existencia, que es el todo convulso y condensado.

Esto nos lleva a una visión cosmogónica del individuo. Donde cada célula es cada galaxia del universo. Y cada uno somos un universo al completo con vida independiente, que a su vez está cosido a una realidad colectiva que otorga vida a otro individuo al que pertenecemos.

Por cuanto individuo es la unión de un todo de forma simbiótica y equilibrada. Que a su vez es una parte de otro todo mayor. Indivisible en dos, y divisible en millones de pautas que al ser reconocidas como una, te reconoces como una parte del todo que nos rodea. Mas... sabiendo quiénes somos, de dónde venimos y hacia dónde vamos. Surge otra cuestión, siempre presente y pocas veces planteadas. Que es la fundamental.

¿Cuál es nuestra situación en el todo?, somos río que impulsa la corriente de agua desde la montaña al mar. Carnívoro y herbívoro. Césped, hierba, flor o árbol. Animal, vegetal o elemental. ¿Qué somos en el todo? Conocer nuestra posición es conocernos a nosotros mismos verdaderamente como individuo humano. No como Yo.

LA FELICIDAD.

Es la gran búsqueda de la humanidad, entendiendo ésta que es la misma esencia de su propia existencia. La causa por la que existimos, más allá de toda labor moral, honrosa, laboral, familiar, económica, y cualquier atadura mental que deseemos plantearnos. En la soledad del individuo, siempre fue la felicidad la gran búsqueda de cada individuo.

Al observar lo que llamamos felicidad, se observa que mayoritariamente este sentimiento nos lleva al alcanzar o saborear otro sentimiento, que en un principio, nada tiene que ver con la felicidad. La auto realización y el progreso. ¿Son estos dos valores de realización y progreso los que causan la felicidad, o es producto de la sociedad que hemos construido que dicta que con tales logros se consiga la felicidad? Fuera como fuese la cuestión, pues debemos de mencionar que nuestro cerebro está condicionado para mirar hacia el futuro. Nunca hacia el pasado al no existir futuro sin progreso o sin realización, que es la causa desde donde nos liberamos de la estancia del pasado. Ahora en esta posición, podemos ir denotando ciertas afirmaciones.

El progreso es la salida de un pasado. Pasado mental y material causado por nuestra mente desde el apego. Pero pasado. Salir de este mal causa alegría.

¿Debemos de entender, movidos por la anterior afirmación, que la alegría es el sentimiento que tenemos al salir de un estado de estrés o melancolía? Si fuera así la realidad no habría felicidad sin padecimiento previo, esta idea maniqueista de bien y mal ya observamos que nada tiene que ver con la realidad y mucho con una ficción mental que nosotros manchamos la realidad. Realmente lo que es la felicidad a nivel biológico, es una descarga de endorfina causada por nuestro cerebro. Descarga que surge cuando causamos un estrés que tensa la mente y ésta de repente se halla libre, pero si todo es mental la felicidad también lo es. Y nos lleva a preguntarnos, ¿es una falacia innecesaria de esta sociedad? Obviamente no, siempre tristeza y felicidad existió en la historia de la vida, humana y no humana. Y aunque acogida al mundo de los sentimientos no deja de ser real.

Tal vez sea una expresión exterior de nuestro yo, quien al hallarse olvidado por la realidad que diseñamos y por nuestra vida marcada. Emite señales de vida con intentos de vivir la existencia que nosotros mismos le hemos prohibido.

Si toda alegría surge por causa de salir de un pasado, o bien el pasado es negativo, o el pasado es constructivo que causa progreso y auto realización. Son los dos pasados presentes que hemos visto aquí como condicionantes a la alegría. Pero también hay alegría en un niño que juega ausente de pasado extresado y presente liberador o futuro planificado.

Creo que esta alegría del niño causada por endorfinas cerebrales obviamente, no es alegría, es gozo. Y es esta cuestión la que hemos realmente olvidado.

Ya en vida adulta el gozo solamente es saboreado cuando el amor llega a la vida de un ser. Pero amor verdadero, no posesivo ni sentimental. Amor contemplativo de persona a persona, no de posesión, mi marido, mi hijo, mi esposa, mi padre o madre.

Podemos hacer varias afirmaciones finalmente surgidas de este viaje. La alegría es la salida o liberación del pasado como la mente siempre busca un futuro. Salir del pasado es volver a vivir en su entorno natural. Si dicho estrés causado por vivir en un largo pasado es en pos a una vida melancólica, la salida aún siendo salida no será todo lo feliz que uno ansía, será más bien liberadora con ansias de huir. Esta alegría no vale, solo aplaca la sed del mal sin erradicarla.

Si la alegría de la salida del pasado es por una auto realización. La mente se halla satisfecha, auto reconocida por alimentar al ego personal quien se advierte capacitado de realizar un acto. La heroicidad. Tal sensación causa alegría y gozo pero en sentido profundo, esto viene dado por un pasado mental muy oscuro. Dicho pasado mental es no verse capacitado para dicho final. Final que si se alarga se convierte también en huida. Y la felicidad pierde el paladar.

Siendo así la realidad, robarle la alegría a un individuo o sociedad, es robarle la auto realización y el progreso. Progreso entendido como mejora y desarrollo de tu entorno. Expandir tu entorno no es progreso, es expansión. Esto nos lleva a una segunda afirmación, todo progreso y auto realización viene de la alegría. Pues es lo que busca. ¿Por qué? Simple. Sensación de libertad, libertad de salir del pasado. Ya que la auto realización y el progreso impulsa eso mismo. Libertad para permitir que el yo surja de forma contemplativa a ver la realidad tal como es. Sin análisis ni juicio. Tal fruto otorga la felicidad como proveedora de auto realización y progreso.

Pero como vimos antes, el yo no tiene sentimientos y estos son de la mente. Solo tiene contemplación y gozo. Pero estos son causados por la felicidad de la salida del pasado. Tanto para la mente como felicidad mental, como para el yo que se libera de su opresión de inexistencia auto reconocida siendo parte de un pasado. La felicidad del niño, como se dijo antes, es contemplativa. Cuando jugábamos siendo niños, éramos nosotros verdaderamente, sin miedos ni ataduras. Sin ideas o conocimientos. Solo contemplación, sólo jugar y estar.

GUERRA Y PAZ, VIOLENCIA Y CONCIENCIA.

Una de las cuestiones que más veces se ha tratado en las ciencias humanas, sea psicología, filosofía, antropología o historia, es saber si el hombre es belicista por naturaleza o pacifista. Opino que no es nada de eso. Ni lo uno ni lo otro. Es un hacedor. ¿Qué quiero decir con hacedor y con negar belicismo o pacifismo? Me refiero al hecho incuestionable del yo y mi circunstancia que desde el principio de este trabajo aquí se trata.

El hombre solo es un ser que actúa dependiendo de sus circunstancias y éstas no solo se presentan en lo exterior del individuo, también en su interior. La circunstancias interiores o del yo verdadero que antes dijimos, como por ejemplo la mente.

Al respecto ya se puede dar una afirmación tácita. La violencia del ser humano surge desde el miedo. Así la violencia es una reacción temeraria de un sentimiento de terror, algunas veces el terror paraliza y otras veces causa violencia. Ambas reacciones surgidas del pánico, más que del terror que sería un terror muy profundo. Ambas tienen una relación común, es la ausencia de respuestas o soluciones a un problema que atenta al individuo o a la colectividad.

Si la violencia surge del terror o del pánico, éste surge de una ausencia de respuestas a un problema, a una incapacidad resolutiva. Dicha incapacidad causa una respuesta animal o física, que al ser salvaje imputa una realidad, destruir el problema.

Esta reacción procede del cerebro reptil, es un recuerdo de cuando éramos reptiles en nuestras fases más primarias de evolución natural. A esto se le llama defensa. Deduciéndose que violencia, terror, defensa e incapacidad resolutiva son pautas de una misma cosa. Respuestas primarias a un problema no resuelto. Y esto nos lleva a un punto final muy determinado.

Los conocimientos y una riqueza en el entorno que cause una gran diversidad de herramientas posibles de uso, son los causantes de un individuo menos violento y menos defensivo.

Esta realidad causa la existencia de un ser más capacitado y más resolutivo. Atentar contra el conocimiento humano es fabricar soldados. Es crear una sociedad tan poco resolutiva y tan primaria que se verá dominada por instintos primarios.

Otro papel fundamental en la construcción o creación de un individuo pacífico, no defensivo ni belicista, es su capacidad civilizadora. La vida comunitaria causa conocimientos morales, empatía social y la mente cognitiva se alimenta y se desarrolla, siendo la mente cognitiva la responsable de la empatía, punto por el cual el individuo que se enfrenta a un problema puede conocer los problemas que causan la situación del adversario. Y así ambos solucionar de forma conjunta sus problemas, que ahora son comunes entre ambos. Uno por reacción a una acción tercera y otro por reacción a la reacción expuesta.

La empatía puede unir los canales divergentes por los que transcurren dispares causas que generan unos efectos problemáticos, son en verdad efectos prolongados de una misma causa primigenia. A esto le llamo verdaderamente civilización globalizada. Observándose que existe otra globalización para leyes de mercado expansionista que atentan el auto realización y olvidan el progreso, que es cambiado por la expansión. Pautas principales como vimos antes para la felicidad del individuo, y de todos ellos como felicidad de una sociedad.

Los entornos que generan circunstancias han de ser usados y utilizados en beneficio del ser humano, por ser humano identifico al individuo y al yo interior. No podemos seguir creando entornos que benefician a otros entornos de otros entornos circunstanciales, ya que la realidad no es una proyección o prolongación genealógica de ideas. Todas ellas caerían al solventar su matriz.

La realidad es aquella que descanse en lo biológico y en lo vivo, ya no solo en lo existencial, sino en lo vivo. En lo que causa vida y en la vida misma, pues la existencia conlleva intrínseca la muerte. Una vida de existencia nos lleva a temer tanto la muerte, que marcamos una existencia moribunda similar a una vida en muerte, donde la senda es vivir por y para vivir. Al no existir el existencialismo de existir, erradicamos el ser egocéntrico que es el que teme morir y tal temor por no conocer lo que es la muerte, se alza como un ser belicista, defensivo y extresado, causante de una vida de muerte. Y por infantilismo causado por incapacidad resolutiva de su problema existencial, imagina una vida tras la muerte henchida de todas las gracias del vivir.

O sea. Este individuo piensa que la vida verdadera, Vivir, surge tras la muerte. Esto es debido a la recreación de una circunstancia global donde esta existencia es una existencia frente al concepto de tomarla como una vida. Tal vez la existencia no sea más que la matriz de la vida.

La expresión de Descartes "Pienso luego existo" causa aquí una trascendencia muy profunda al diagnosticar que la existencia es una acción de la mente que es el pensar. Cuando la mente no es más que una, importante, pero una de las partes del ser, no el ser en sentido estricto o individual. Y como hemos visto antes, todo pensamiento causa muerte. Ya que no es eterno ni universal. Es limitado en su forma como en su tiempo.

Existir y vivir en el pensamiento, causa una división del ser, que lo lleva a vivir según un modo de pensamiento, que por lo general, siempre se enfrentará a un pensamiento adverso. Bipolar. Esto no es vivir según la razón, y vivir desde el yo, es usar la mente como un instrumento. Es aquí donde podemos, desde la lejanía del uso, discernir la amplitud de la realidad. Ver toda la realidad. No solo una parte de ella, por infección de nuestra mente. A esto le llamamos pragmatismo y honestidad.

¿Es el honor un modo de vivir la vida por vivirla, sin miedos, causando una visión completa de la realidad y se convierte el honor en un principio de lo justo y verdadero?

Pensar en esta cuestión nos lleva a analizar que en la sociedad o civilización actual no existe el honor ni la honestidad, llegando así a la ausencia de justicia. Y si esto no existe, no existe la verdad.

O sea. Vivimos en una recreación idealista de una fantasía humana llamada circunstancia idealista. El hombre ha creado una circunstancia desde sus ideas, no desde la realidad. Ha huido de ella. Ya esto se habló antes como causa de terror y deseo de dominio. De esta forma podemos pensar que todo adversario es aquel que intenta aumentar su expansión. Bien fuera por competir por una misma riqueza o por defender la de uno frente a la expansión del otro. Toda violencia es falta de conocimiento y de resolución. Y todo adversario es causa de expansión.

MENTE

Mucho he criticado hasta aquí a la mente, y muchos han entendido la mente a lo largo de la historia, bien como la unidad intrínseca del Yo o bien como el gran enemigo a vencer para conseguir liberarlo. Pero lo cierto es que la mente no es más que una importante herramienta del ser. Ni la única, ni la esencia, ni la enemiga, solo una herramienta del ser válida como comunicador y catalizador entre el mundo interior del Yo ante el exterior o entorno. Sea del entorno interior del Yo como del entorno exterior del individuo al que llamamos circunstancia. Para tal función de comunicador de entornos con el Yo, la mente ha seguido una senda evolutiva vigilando los entornos o posesiones cercanas al yo, ante posibles agresiones en pos a una única necesidad real, la supervivencia natural. Así en un primer estímulo, nuestro cerebro más primitivo presenta un comportamiento defensivo en lo referente al individuo, defensa dirigida a través de un ataque. A esto le llamamos cerebro reptil. Nombre dado por proceder de cuando evolutivamente éramos reptiles. Cuando nuestro entorno y nuestras posesiones reales crecen, siendo conscientes de la progenie, surge un apego a la misma formador de un deseo de tenencia, apego o necesidad por la pareja que otorgue dicha progenie ansiada. Esto ofrece una segunda evolución, el cerebro mamífero. Finalmente llegamos al tercer cerebro evolutivo de nuestra mente. El cognitivo, que nos permite ser conscientes de la realidad exterior, a la vez de ser conscientes de los impulsos naturales de nuestros dos cerebros.

Reptil y mamífero. Trabajar en la unificación global de nuestro cerebro es una de las metas a alcanzar por la humanidad actual, para afianzar esta última evolución natural y así conseguir un auge en su crecimiento. Un auge en ser más consciente de la realidad que nos rodea, la cuál es observada por esta tercer y última evolución neuronal.

Depende de cómo usemos nuestra mente quien es sólo un comunicador de realidades concernientes a posesiones, entornos y circunstancias, ésta nos ofrecerá la información necesaria para ser consciente de la realidad y así prolongar la senda evolutiva natural y real de ella misma. O bien en un mal uso de esta lleguemos incluso a infartar por estrés.

Sabiendo que la mente es un mero comunicador de circunstancias a las que llamamos realidades. Nunca diferencia si la realidad comunicada al Yo desde el exterior, procede de una ilusión o de una realidad palpable, podemos vivir toda una vida sin advertir la realidad de la misma ya que nuestra mente sólo informa de una ilusión, de un prototipo creador por nosotros mismos.

Una de las causas de mayor estrés mental es la exigencia surgida por la obtención de resultados determinados que acontecieron por la información del exterior informada. O visto con otra perspectiva, gestionar las dispares informaciones de nuestro entorno con la intención de crear una visión global y conceptual de la realidad. Analizarla. Y ya dijimos antes que analizar es enjuiciar, implicando que nuestro estrés procede de una única realidad, del esfuerzo por analizar la realidad e incluso propiciar entornos determinados desde donde cambiar la realidad para alcanzar una determinada sentencia final al enjuiciar nuestra realidad.

Dicho de otra forma. Al no gustar el resultado final del análisis de las dispares informaciones que la mente ha realizado del exterior, intento con los conocimientos adquiridos, que no son más que informaciones de entornos pasados, sean entornos exteriores o interiores, como el estudio o la vivencia. Investigo cómo podría ser la realidad o las circunstancias, y cómo crear dicho entorno, propiciando un enfado egoísta con la realidad que me impulsa a su negación, incluso a huir de ella en pos a la búsqueda de una nueva realidad. Pero... ¿es esto la mente? Realmente, como se dijo antes, es sólo un elemento comunicador de la realidad.

Y como elemento comunicador de la realidad podemos observar que esta comunicación surge de un previo ejercicio de observación de la realidad. No hay comunicación de la realidad sin previamente observarla y conocerla. Esto nos lleva a un punto final muy determinado.

La mente puede no solo observar la realidad tal como es, sino que tras analizarla y enjuiciarla si no está contenta con el resultado final de su análisis, puede truncar la realidad para vivir en una ficción, llevándonos a vivir según la mente y no según la realidad, para finalmente vivir la vida de otro.

¿La vida de otro?

Al referirme con el hecho de vivir una vida ajena me refiero al poder del ser humano de cambiar el entorno, siendo este poder el gran logro de la humanidad. Todo poder religioso o político, social o económico, no es más que un elemento desde donde el individuo puede cambiar su entorno. Mientras mayor sea dicho elemento, mayor será su poder de cambiar el entorno. Alcanzando una realidad humana muy concreta. La ilusión de unos pocos es la realidad de muchos, debido al poder que unos pocos tienen para alterar, cambiar o crear nuevas circunstancias, que se presentan como nuevas realidades. Siendo el mayor ejecutor de realidades reales la tecnología, junto al capital el mayor creador de realidades ilusorias, porque sólo trunca o dibuja una visión de la realidad frente al acto de crear una nueva realidad.

Pensar hasta qué punto determinado es digno, necesario, bueno o incluso real, cambiar la realidad es muy necesaria en los tiempos actuales donde podemos alcanzar un modo de vida tan alejado de la realidad natural, que es la única realidad real de la existencia. Aunque podamos tocar o percibir la materia de lo creado, dicha realidad creada sea tan dispar a la natural o real, como pueda serlo una realidad virtual.

Este pensamiento nos lleva a una segunda visión. ¿Qué es la realidad? Siendo ésta toda circunstancia o pauta de entorno que afecte realmente al Yo de forma intrínseca e íntimamente. Cualquier otra circunstancia o entorno que no afecte al yo es sólo una realidad que surge del mundo mental o de las ideas, que vive para el mundo de las ideas y fallece por o con este. Esto no es realidad, es sólo ilusión idealista y mental.

Sobre la mente podemos finalmente decir que al ser un canal comunicativo independiente al yo, pues comunica a éste y también independiente a la circunstancia, pues sobre ella misma sobre la que se comunica; cabe decir que el ejercicio de adquisición de esta información para que la mente la transmita al yo, surge o se realiza a partir de los 5 sentidos físicos del hombre. Surgiendo así la posibilidad de dividir la mente en tantos tipos como capacidades de percepción de la realidad externa. Para finalmente albergar el yo.

Con todo esto observo que algunos individuos pueden tener una percepción de la realidad mayor a través de una imagen, o a través de una explicación o sonido. O a través del tacto o de la actividad física. Y obviamente, toda circunstancia que fuera percibida por nuestra mente por los 5 sentidos será profundamente conocida de forma verdadera. Y como dijimos antes, cualquiera que fueran las formas de captación de la realidad, siempre la mente ha de estar en quietud para no manchar y así evitar manipular o alterar una realidad que a diferencia de cómo se presenta de forma múltiple, es unitaria. Tal como es. No es bipolar como muchas veces intentamos advertirla.

Lo bipolar es pauta de la naturaleza y del todo, pero es un frenesí conjunto de un mismo ser. Advertir el ser unitario es advertir la realidad, esto se advierte únicamente con la contemplación.

Pero es en la mente donde se guardan los conocimientos que van formando el entorno y la posesión verdadera, que es la del yo. La única posesión que realmente se posee, que nadie puede robarte, embargarte o quitarte. Que verdaderamente la posee uno mismo para uno mismo. No como otras posesiones externas, que más bien por causa del apego, no son poseídas, sino que te poseen. Es esta posesión la encargada de dar forma y creación al entorno del Yo. Entorno que debía de dar las suficientes riquezas posibles para evitar la violencia a través de evitar la incapacidad resolutiva a cualquier problema. Como vemos, la mente igual es salvadora para el yo, ofreciéndole capacidades de soluciones a problemas que evitan la violencia y en enfrentamiento. Como también por su exceso de creatividad. Su gran poder y causa de existencia es capaz de crear un mundo onírico de tal riqueza en sus matices que creas que este mundo mental es el real. Hecho que acontece con las posesiones externas.

EDUCACIÓN.

Muchas veces la raíz léxica de la palabra te indica la causa del nombre que recibe esta cosa, como diría José Saramago. Educación trasciende de dos palabras, sacar o extraer. Otra palabra conectada a la educación es enseñar, palabra muy parecida a ensañar tiene implícito un término, instruir, hacer que uno aprenda una cosa, no exento de un cierto escarmiento para que sirva de experiencia.

Sabemos que la idea de escuela o universidad surgió en la Atenas socrática de Platón y Aristóteles, donde la educación se realizaba con el sistema socrático de la mayéutica, a través de pregunta y respuesta, condicionando y dirigiendo al alumno por una senda determinada. Mientras se realizaba un viaje de misterio y descubrimiento, el alumno y el profesor iban desgranando la realidad hasta llegar a la verdad.

No había competición, no había memorización, ni escolarización, ni exclusión. Sólo la contemplación de un viaje hacia la Verdad o realidad. Surgiendo en él, como necesidades para el viaje, capacidades como la honestidad, la justicia y el honor, ya que sin ellas la mente atrofia y trunca la visión de la realidad.

Debemos saber siempre, que la mente es un comunicador. Y puede falsear su comunicación en el ejercicio de conectar varios datos con la intención de crear un concepto global unitario. (Instinto mental por naturaleza, que siempre busca la unidad del todo como origen). Y en esta falsificación causarle al yo una realidad ilusa. Que nos lleva a vivir una mentira. Una ilusión, como Platón afirmó con la caverna.

La verdadera educación se halla en el ejercicio socrático de la mayéutica de extraer. El filósofo griego le llamó al alumno que conseguía finalizar su ejercicio, el "hijo del hombre", como aquel hombre que ahora desde la visión de su pasado, observa la vida y la realidad con otros ojos. Causando que ya él no sea el mismo, sino un nuevo ser. Un hijo de él mismo, y para él mismo. Pues partía de una premisa poco reprochable y muy profunda. Somos tanto nuestro yo como nuestra mente, un canal abierto y moldeado, sujetos a una interacción con el medio donde nos fundimos hasta ser parte de él y él de nosotros. Ver la realidad con nuevos ojos es ser otro ser. Verlas tal como es. Buscar la Verdad de la realidad sin preceptos. Es verse a uno mismo. Formarse tal como uno es.

Jesús así se presentó también. Soy el hijo del hombre. ¿Nos quiso decir tal vez, que la causa principal de la existencia es ver la realidad tal cual, en su contemplación, no desde nuestra idealización llevándonos a ser hijo de un todo?

En el tiempo que Sócrates, Platón y Aristóteles creaban universidades, academias y escuelas en Atenas. Esparta también tenía un sistema de educación militar. De enseñanza y adiestramiento, donde se desechaba al alumno que no era capaz de conseguir la meta, y la enseñanza se basaba en el orden, el sufrimiento y la ejecución del acto. No importa el ser, la persona. No importa tu pensamiento u opinión. No importa tu capacidad o incapacidad. Sólo importa la ejecución tácita de la orden en su forma y estructura. Y su logro final.

La actual educación surge de Prusia. Un país absolutista que movido por la revolución francesa, su rey creó una educación pública, gratuita, universal y obligatoria para su pueblo. De esta forma silenció las exigencias sociales que solicitaban los derechos de la revolución francesa. Pero a la vez de dar solución a dichas exigencias, la sociedad futura estaría alineada y predispuesta al orden militar que Prusia deseaba imponer a su pueblo, desde su educación. La población del futuro, estaría educada y enseñada para obedecer.

Esto gustó mucho a gobernantes y grandes empresarios de otros países. Y se extendió la idea. Hasta llegar a nuestros días con un sistema educativo que más que educacional es de enseñanza. Predisponer al individuo a responder como parte de una masa global. Si no es así, éste causa exclusión. Para preparar a sus mentes y espíritus hacia una enseñanza de conocimientos y conceptos laborales útiles para el rendimiento en la empresa multinacional. No útiles para ellos como personas, ni para sus vidas.

Causa final. Una sociedad en paro, necesitada de a quién servir por una subsistencia biológica. Parafraseando a Shakespare en el mercader de Venecia. "Mi hijo tiene un gran mal, que es que nació servil".

Ante la falta de contrato laboral y de servidumbre, ni existe reconocimiento ni realización. Ni sabemos qué hacer con nuestra vida. Sólo servir. Nunca al alumno se le enseñó a pensar por sí mismo. Ni a ver la realidad tal como es, ajena al mundo de las ideas. Que es el entorno o realidad que unos pocos crean como realidad para muchos.

Conociendo esta visión final de educación y enseñanza. Comenzamos a comprender la existencia de ciertos términos existentes en el léxico de la educación.

MAESTRO.- maestría

Profesor...- profesión,

Enseñanza---enseñar, que es estar en la señal. Ser señal.

Comunicar...-- hablar en común. Acción de lo común. Esto nunca acontece.

Universidad--- Universalidad. Inter cultural. Nunca acontece. No se enseña la relación existente entre las dispares cátedras.

Deberes...---- obligaciones. Derechos.

Lección...- acto de aprender forzado. Aleccionar.

Claustro...--- monasterio

Esto nos lleva a afirmar que la educación no existe en nuestros días. Si no la enseñanza y el adiestramiento a través de unos conocimientos e ideas, por los cuáles realizas una labor en el mundo del hombre para el hombre. O sea. Dominio, análisis, enjuiciamiento. Mundo mental.

Causando una realidad demoledora para el individuo a costa de recrear una realidad para la masa poblacional. La cuál nunca existió. Dicha realidad demoledora es vivir en una ficción mental e idealizada. Y ni conocerse a uno mismo, ni conocer o ser capaz de advertir la realidad del mundo. Sólo nuestra realidad, la cuál es una secuencia virtual de un cúmulo de ideas de unos pocos, que con su poder han creado una nueva realidad para muchos.

Pero esto no significa que la realidad real haya desaparecido, ni significa que el individuo ha perdido su capacidad de reconocerse o de ser libre para poder ver la realidad de su existencia verdadera.

Comenzar a reconocerse y conocer la realidad del mundo, es necesidad imperante para cada individuo. Así como la salida de su cárcel de forma autónoma, didáctica y realizable.

Que la felicidad descanse en el sentimiento de glorificación social. Es una falacia basada en un instinto natural y real. Que dicha felicidad descansa en el reconocimiento y en la contemplación del logro conseguido por uno mismo. Y tras tal contemplación, surge la necesidad de ser útiles con la sociedad. Tal sentimiento de utilidad es el gran gozo de la felicidad moral del individuo. Y basándose en este instinto natural. El mundo mental recreado por el hombre, le dice al individuo que esta es su meta. Y que llegar a esta meta es hacer una actuación determinada por él. Él es aquel que tiene el poder. Poder causado por ofrecer la esencia misma de la felicidad del individuo. Ofrecimiento causado por tener el poder de su tenencia. Y su tenencia es causada por la ceguera creada desde el modelo de enseñanza, donde se programa al individuo a la consecución de metas marcadas y dictadas. No elaboradas por ellos mismos en una búsqueda personal de la identidad.

Vivir según la mente, es ser esclavo de la misma en un mundo irreal. Pero vivir según las exigencias de las circunstancias, las cuáles siempre son imperantes e inmediatas. Es aún peor. Ausente de equilibrio, armonía y rebosante de materia, causante del apego, y con él, del miedo y de la violencia. Convierte al individuo que vive según sus circunstancias en un animal.

En la educación más bien se hará el enriqueciendo de la mente en el ejercicio de reconocimiento, donde el individuo se advierte como un igual al todo que causa circunstancia. No como un inferior que se ve arrastrado por las mismas. Y estando la mente dominada por el verdadero yo. Ésta no le mentirá sobre la realidad, ni creará realidades paralelas o parecidas.

Por tal motivo. El modelo de educación, que no de enseñanza. Es fundamental tanto para un individuo, como para una vida civilizada en sociedad. La sociedad civilizada, como se dijo antes, no es más que una retirada del mundo real, para adentrarnos en bucear en el mundo mental. Sabiendo esto. No podemos, en el ejercicio de la vida civilizada, perder la perspectiva de la realidad. Pues si esto acontece, llegaremos a pensar que la realidad no existe. Y que la existencia es atribuida a lo falso, a lo ilusorio y a lo mental.

Lo ilusorio es falso, porque es una realidad surgida de la mente. La cuál al no reconocer nunca la realidad. Pues nunca fue entrenada ni formada para tal fin. Nunca creará ilusiones reales. Sólo procedentes del campo del deseo. Que es desde donde brota toda mente.

El campo del deseo causa desaprensión, pues el yo al verse informado por su mente, llega a creer con el tiempo que la ilusión cantada por su mente, es pauta de la realidad, o parte de ella. Y cuando la ejecuta en la realidad. Que no en su mente. Surge una realidad inesperada. Es aquí cuando surge la angustia, el abatimiento y el desconsuelo. Sentimientos que tienen todos ellos, un origen. No aceptar ni la realidad, ni uno mismo. O sea. No tener armonía.

La armonía surge cuando los sentimientos, la mente, la realidad y el yo son uno. La música, el arte, la poesía y la filosofía son ciencias que nos enseñan a cómo equilibrar nuestro ser a dispares realidades. Para cuando sean presentes en la vida, sepamos cómo no perder la armonía. Tal acto evitará vivir según la mente. O sea. Obviar la realidad, huir de la misma. O ser un animal salvaje, al verse empujado por la fuerza de las circunstancias y de la inmediatez.

Es en tales materias, y de forma más estricta. Es en este ideal, donde debe de descansar toda base educacional. Extraer del ser todo su ser. Que es vivir en el todo, si pensamos que el ser no existe. Solo el modo de ser que la mente moldeó. La no existencia del ser, nos lleva a la preexistencia. Que es el todo en uno.

Ver este todo en uno como cúmulo o agrupación desordenado, es no ver el todo. Es sólo ver sus partes. Debemos de apreciar la armonía grupal del todo. Así nuestro ser será armónico con la circunstancia que es ya realidad.

En la observación de las circunstancias, debemos de observar la armonía del todo para entendiéndola y admirándola, comprender su presencia, y por tal motivo, nuestra mente podrá imaginar las consecuencias de los actos. Esto nos acerca a ser un igual con el todo. A ser parte del todo. Ser parte del todo, es señorear. Dar utilidad a la existencia y así la existencia y uno mismo sean útiles de forma simbiótica.

La utilidad de uno hacia el otro sin reciprocidad nunca es utilidad, es uso.

QUERER Y DESEAR.

Es una cuestión que se nos presenta desde los primeros días del nacimiento. ¿Qué queremos? Comer, orinar, ser abrigado... los primeros deseos y querencias no son más que satisfacciones de necesidades. O al menos, y esto sería un gran deseo de la humanidad, a priory. Eliminación de las mismas.

Desearía ser corazón de Neruda, lengua de Shakespare, neurona de Einstein, mano cortada de Cervantes. Desearía ser capaz de sentir y hacer sentir. Tal sería de verdadero desearía. Pero falsas y de mentiras propias sería decir, "desearía el Ferrari, la casa grande, el chalet de playa para el verano, y la casa rural de montaña para un invierno". Todo esto es mentirnos por no conseguir lo que verdaderamente deseábamos, y lo que desde un principio se nos ocultó.

Soñar con ser, aunque fuera otro. Pero ser. No tener.

Pues esto del tener, es cosa de saciar necesidades. Pero no es cosa del querer ni del deseo, esto último es netamente humano. En esta afirmación se advierte cuando vives el deseo del ser, y vives el deseo del tener. Aquí el individuo y la sociedad se ciegan sin desear ser y si observara de verdad a sus iguales, también vería que el desear para ser implica una riqueza para el yo. Para Yo ser. Sin embargo. Desear para el tener implica con el tiempo una única realidad. Olvidarse a sí mismo, hasta ser parte de la tenencia. Y esto de olvidarse a uno mismo es mentirse y vivir en falsedad. Pues es cosa de mente, cosa de iluso. Pues nunca seremos coche ni casa. Seremos uno.

ILUMINACIÓN.

Toda iluminación es observancia. La luz es el medio por el que se reconoce y la oscuridad que oculta la realidad se desvanece. Pero debemos de reconocer que el origen del todo, es la oscuridad. La luz es una aglutinación de fotones que se expande en el espacio dominado por la oscuridad.

Llegándose a la conclusión que toda iluminación es observancia. Podemos tener iluminación de un mundo determinado, al realmente verlo u observarlo. Y de esta forma necesitamos observar y conocer los dispares mundos existentes. Tanto el mundo real de nuestro planeta, como los dispares mundos mentales que el hombre crea en cada civilización.

Pero también existe la iluminación de uno mismo. La iluminación surgida de observarse y conocerse a uno mismo. Para tal motivo, el maestro y el alumno de dicha búsqueda interna han de ser uno mismo. Y lo que busca también ha de ser uno mismo. De esta forma. Al observarse, al buscarse, al atenderse y al seguir las atenciones. Uno se auto reafirma. Se ilumina.

Todo ser iluminado se conoce. Todo ser que se conoce, se sabe quién es. Por ello este hombre observa el mundo desde la realidad. No desde la mente. El que no se conoce, vive en una idea, en una mente.

Esto genera incertidumbre que causa desorden. Para ordenar tal desorden, el individuo se ve obligado a conocer, a observar y a iluminar cada uno de los mundos. Para no perderse en él. Esto ocurre por vivir en el exterior. Vivir en el exterior acontece cuando uno observa sólo el exterior, olvidándose de uno mismo. Tal olvido en la observancia exterior nos lleva a creer que la única realidad es la dada por el exterior. Y finalmente somos exterior y no uno mismo. Deduciéndose que todo individuo que realmente se conoce por sí mismo de forma profunda, ve el exterior desde la realidad del ser. No desde la mente que como se dijo antes trunca la visión de la realidad, por la búsqueda de una meta o deseo. Esto causa deshonor.

Al ver el exterior como un exterior, y al verse a uno mismo como uno mismo. Todo está en orden y no teme nada. No teme perder nada. Pues sólo se tiene a uno mismo, y tal tenencia es tan verdadera y real, que nadie puede hurtarle tal tenencia. Así toda búsqueda ha de ser secuenciada para uno mismo. Y toda observancia es de uno mismo. Y para una buena observación se realiza desde la contemplación. No desde el enjuiciamiento. Desde la mente, que trunca la realidad por deseos o temores idealistas.

Así el ser iluminado o auto reconocido, tiene la cualidad de ver la verdad. Que es la realidad de forma honesta, sin manchas que proceden de mentes y deseos. Tal contemplación que otorga ausencia de miedo, por no tener el apego a la pérdida posesiva, nos lleva a reconocer de forma fácil cualquier entorno, que tras reconocerlo, uno se inmiscuye con él de forma ágil. Pues me conozco, sé mi deseo de ser. Sé hacia dónde camino. Por cuanto a tal individuo, la senda es una mera parte del camino. No la realidad. Tal ser, no teme la muerte por no ser parte de este mundo. Ya que la muerte es la pérdida de este mundo para el ser. Cualquier otro mundo, no es él. Es parte de una senda.

Y esto tiene una implicación profunda.

El señorío. O dicho de otra forma:

El individuo consigue dominar la situación, señorear en ella.

Vivir según las reglas de la simbiosis natural.

Utilizarla para que sea útil mutuamente. Servir no es servidumbre. Si no tener una naturaleza de simbiosis.

POBREZA, ROBO.

Todo enjuiciamiento causa análisis. Todo análisis que busque enjuiciamiento causa exclusión. Y toda exclusión causa incapacidad de conocer el todo. Lo que realmente se persigue en todo análisis y en todo enjuiciamiento es saciar el deseo de ver el todo de forma rápida y posesiva. Sin contemplación. Para de esta forma, poder usar el todo. Pero claro..., ¿podemos usar el todo?

El hurto o robo es uno de los males que causa todo sistema capitalista privativo. O dicho de otra forma. El robo existe por la existencia de la propiedad privada. Y ésta existe por el modelo capitalista que domina tanto la sociedad, el individuo, y el sistema económico y político.

El mismo capital exige en su naturaleza misma de ser, el crecimiento y el desarrollo.

Pero... ¿si existe la propiedad privada, cómo crecer, expandirse y desarrollarse a niveles capitalista y materialistas? Pues todo sistema capital tasa la realidad desde el aspecto cuantificable.

Obviamente con la posesión que uno previamente a la acción no tiene. Para la consecución de este principio básico de exigencia en todo modelo capitalista, surge una amplia lista de posibilidades por las cuáles dicha expansión es legal. Siendo la compraventa la más usada desde los tiempos fenicios. Pero... ¿hasta qué punto la compraventa de materiales es justa y ética, y hasta qué punto deja de serlo? Pues no siempre legalidad y justicia o ética están en armonía o en coexistencia.

Podemos decir que una entidad privada adquiere por un precio determinado a través del acuerdo entre comprador y vendedor, una posesión material. Un local por ejemplo. Dicho local será usado para la apertura de un nuevo comercio. Nuevo comercio que sirve para una expansión de la empresa compradora en su actividad. Mas..., ¿expansión en qué? Obviamente en comercio. Por cuanto... tenemos dos realidades contrapuestas en esta común realidad. La primera es la adquisición de un lugar territorial y cuantificable. El local donde abrir el comercio o la fábrica o el centro de distribución. La finalidad es lo de menos. Pero en segundo lugar tenemos otra realidad. La adquisición de un lugar en el terreno comercial que existe en rededor de dicha propiedad. Por cuanto... ¿Es esta última adquisición, la entrada en un terreno comercial, que es en sentido estricto la causa de la compra del local, una adquisición de compraventa? Obviamente no. Se ha pagado por un local. Pero no por la adquisición de un nicho de mercado. Esto del mercado no está regulado. No está legalizado. Se puede robar. Y se puede robar o adquirir libremente, por una única realidad. En él no existe propiedad privada. El mercado es libre, y esto quiere decir, que es comunitario, que es de todos.

Si el mercado es de todos. Esta última expresión, todos, hay que disponerla tanto en su sentido léxico, como en su sentido amplio y estricto. Todos determinan a toda la existencia humana en sentido léxico. En sentido amplio puede identificar a la globalización, y en el estricto. A los habitantes que en él viven.

Pero la realidad no es esta. La realidad marca que el mercado no es de todos. Si no que éste pertenece al más fuerte. Este ideal fue dictado por Thomas Hobbe, padre de la economía moderna.

Es una selva.

Todo robo es adquisición sin convenio. Es quitarle algo que otro tiene, sin que su tenedor inicial perciba la contraposición deseada. El primer tenedor del mercado de forma tradicional e histórica, es el comerciante, empresario o mercáder local. Siendo éste el primero que adquiere la titularidad posesiva del mercado que le rodea, a través de un convenio social. En el cuál, el empresario adquiere la posesión del mercado en pos al servicio social dado a los habitantes que son sus clientes.

En pos a este pensamiento, la multinacional consigue una expansión mercantil por todo el mundo, ya que ofrece una mayor satisfacción de las necesidades que la sociedad tiene. Siendo los habitantes locales quienes se presentan como los verdaderos señores y dueños del mercado. Ya que le retira dicha posesión al comerciante inicial, para dárselo al nuevo que ahora llega mejorando la satisfacción de las necesidades. Pero... ¿está esto implícito en la adquisición del local, la adquisición comercial? Obviamente no. De hecho, los costes y los impuestos por metro cuadrado comercial son inferiores a los metros cuadrados de vivienda. Esto también facilita la expansión de la multinacional.

Expansión que puede traer desarrollo y mejora a un territorio determinado. Es cierto. No lo pongo en duda. Pero también pobreza y destrucción de un modo de vida. Por cuanto es necesario controlar la expansión comercial, ya que por experiencia antropológica evolutiva, sabemos que la ley del más fuerte, causa selva y salvajismo. No civismo. Y obviamente los primeros pueblos que se edificaron alzaron murallas para huir de la vida selvática y salvaje. Y una vez protegida de ésta, entre sus muros recrear un modo de vida civilizada y civilizadora para sus nuevos miembros.

Desde primatología con la observación de los bonobos frente a los chimpancés, advertimos la riqueza cognitiva de los juegos entre bonobos frente a los juegos desarrollados por los chimpancés. Siendo el de los bonobos más desarrollados, siendo una especie evolutiva inferior en grado temporal. Los chimpancés proceden de los bonobos. ¿Qué ocurre aquí, acaso la evolución disminuye capacidades cognitivas? No. El entorno de seguridad causa una riqueza cognitiva que se traduce en una riqueza de actos. La selva, el peligro, la competencia no otorga seguridad.

¿Cómo causa riqueza una expansión comercial? En el momento que el uso del local adquirido realmente ofrezca una satisfacción de las necesidades del territorio en su amplitud. Pues en el momento que la acción comercial ofrece la satisfacción de necesidades ya satisfechas, causa competencia. Que no es lo mismo que competitividad. Pues la acción competitiva puede impulsar un instinto de superación hacia una mejora de la actividad o de la acción del individuo. Pero toda competencia no busca la competitividad. Busca la exclusión del adversario.

Esta exclusión causa pobreza a través del hurto y del robo. Pues por ser más fuerte, la posesión que el comerciante había adquirido del comercio local, pasa a manos del nuevo comerciante, sin permiso, acuerdo ni contra-prestación. Es más. Causa pobreza, exclusión y muerte de un modo de vida. No la muerte de un individuo. Pero sí del modo de vida que hasta ahora había llevado. Por cuanto, es muerte de la vida. No muerte de la existencia.

En su contra. La ley que tenemos, la misma que permite que el más fuerte adquiera toda la posesión del mercado, el cuál es el único factor de supervivencia que la ley permite al individuo. Sea mercado laboral, fabril, comercial o artístico. No permite al individuo robar un pedazo de pan para la subsistencia. Acto que salva la vida del individuo, y no causa pobreza, muerte y exclusión del primer titular de dicha propiedad robada.

¿Es justo y digno el hurto menor, por cuanto debe de quedar ausente de culpa? No.

Pero... ¿Es justo, ético y digno, que el único modo de vida que la ley le permite al individuo, que es el mercado, sea adquirido por la fuerza, sin reconocer su propiedad?

Pues al fin y al cabo, el hurto material es el hecho de adquirir la posesión de un bien, que su primer poseedor legal, lo adquirió a través del mercado. Tal vez por el acto de compraventa. ¿Qué quiere decir esto?

Es simple. Que la ley no te castiga por poseer el bien en sí, Sino por el modo de adquirirlo que no fue un modo mercantil. Aunque todo jurista afirmará también que el castigo por el robo material obedece a que no existe permiso del primer poseedor legal en ser adquirido por el segundo.

Pero también la ley dice, que si el primer poseedor legal otorga su permiso al segundo poseedor, en su acto de poseerlo de forma gratuita y altruista. El segundo poseedor ha de pagar un impuesto por donación. ¿Y no es este impuesto de donación un modo más de mercantilismo, de dinero?

Cuando hablamos de mercado, hablamos en verdad de riquezas. La cuáles sirven, en nuestro modo de vida humana que hemos creado a través de los siglos, para la supervivencia.

Por cuanto. Si toda riqueza que causa la supervivencia forzosamente ha de venir adquirida por el mercado. Si no es así, es ilegal. O sea. No permitida. Y partimos de la base que la riqueza causa supervivencia. La destrucción de riquezas no ha de estar permitida. La posesión de las mismas, ha de otorgar el derecho a su uso, para la supervivencia. Pero nunca a su destrucción. Ya que dicha destrucción causa imposibilidad para la supervivencia.

O sea. Todo ente o entidad guarda en sí un ser que le causa la definición por lo que es útil. No atender a este ser, y sólo advertir al ente material nos ciega. Y todo ciego se pierde en el camino por no ver la senda.

Este principio es usado en la acción de todo monopolio. Donde se adquiere la posesión de toda una riqueza determinada para después destruir parte de la misma, y con su destrucción causar una insuficiencia puntual en el acto de la supervivencia en la misma porcentual que su destrucción.

¿Qué quiere decir esto? Que la ley ha de salvaguardar la supervivencia del individuo que compone la sociedad que es regida por la ley. La expansión liberal y selvática o salvaje del mercado, causa insuficiencia en la supervivencia del individuo. Ya que la posesión del mercado a su primer dueño le ha sido robada, o sea. Quitada por el segundo dueño sin permiso, sin acuerdo y sin contra-prestación justa. Obviamente si la expansión comercial o mercantil ofrece nuevos productos antes no existentes, no roba posesión de mercado, si no que crea un nuevo modelo de mercado, causando la satisfacción de nuevas necesidades antes no satisfechas. Y esto sí causa riqueza. Riqueza que causa acción de supervivencia del individuo.

Si la ley no rige la posesión del mercado, es como si no rigiera el robo. Pero cuando hablo de robo, en este contexto. No hablo de hurto material. Hablo de la eliminación de la única forma que la ley le permite al individuo de adquirir las riquezas necesarias para su supervivencia. Es aquí donde radica el verdadero robo. Y aquel poseedor que siendo dueño legal y legítimo de una posesión, la destruye. También destruye con la eliminación de su riqueza, la capacidad de generar riqueza. Por cuanto también ha de ser penalizada, pues destruye capacidades de supervivencias.

Tales actos no regidos por la ley, son actos más cruentos, empobrecedores y excluyentes, para el individuo, que el hurto sí perseguido por la ley, que por lo general ni causa pobreza ni exclusión...

La ley que defiende la propiedad privada y atenta contra aquel que ansía o consigue apropiarse de la misma de forma individual, es muy ancestral. Surgió en la antigua Sumeria, con las leyes de Hammurabí, y también fue recogida en un texto fúnebre del antiguo Egipto, en honor al dios Ptah, por causa de la muerte del hijo pequeño de un hombre. Quien redactó el siguiente documento:

"Oh Dios Ptah, salva el alma de mi hijo,

Oh Dios Ptah, él que no ha robado,

él que no ha matado..."

Siendo este texto fúnebre el origen de los diez mandamientos de Moisés, que rigieron el gobierno de Israel y de nuestros credos religiosos hasta los días actuales. Surgiendo así un profundo replanteamiento del corazón de la ley del robo y el hurto. ¿Realmente robar un pedazo de pan, por no tener qué comer, cazar en el bosque de Sherwood en los días de Robín Hood, o tomar chatarra para venderla en una recicladora de metal, son actos de la vida dignos para la altura de la salvación del alma fúnebre? Pues es este pensamiento existencial el que guarda la causa de existencia de la ley patrimonial, que ofrece derecho al patrimonio y castigo al robo.

Es obvio que nada tiene que ver el ideal existencial del ser humano con estos actos de robo pobre. Por cuanto... ¿qué guardaba esta ley en su consciencia más primaria o pura, como para inmiscuirse en lo sagrado y en lo existencial al equipararlo al asesinato?

Tomando la ley mosaica que es reducto del canto del dios Ptah en su amplitud. Observamos que los diez mandatos que el joven cumplió para ser digno de la salvación de un Dios y de su alma. Guardan un punto común. La convivencia social. Y esta convivencia que sí es causa de existencia biológica, y existencialismo civilizado y racional, descansa en los medios por los cuáles el individuo consigue la supervivencia. Y es de esto de lo que realmente hablamos. De Sobrevivir.

La causa principal por la que el hombre convive en comunidad, y que esta comunidad se desarrolla en el interior de una creación del hombre, y no en ambiente natural. Es a causa de una razón de supervivencia que radica en retirarse de lo selvático y salvaje. Donde la fuerza es la ley imperante. Para refugiarse en un mundo de razón, civilización y justicia. Aunque ya hemos hablado de esta temática, y la causa mental y neuronal de la existencia de la ciudad. Que en verdad, se observa que nunca fue esta, si no la realización del egoísmo materialista y la exaltación del poder. Donde el individuo no solo se retiraba y huía como un cobarde la naturaleza, sino que también se retiraba de su propia esencia, hasta olvidar su yo. Su identidad propia. Convirtiéndose en un tenedor convulso.

Reconociendo estas dos realidades que causaron la existencia de la vida en comunidad. Sin olvidar la más primaria y prehistórica de todas. El hombre en comunidad conseguía una mayor caza, venciendo a grandes bestias. Que de forma individual, no sólo no conseguía la caza. Si no que perecía en el enfrentamiento. Debemos ahora de replantearnos nuestro presente. Y en lo que respecta a la ley del hurto o robo. Vemos ahora claramente la necesidad de introducir en su análisis judicial, el grado exponencial que tiene cada acto en lo respectivo a la supervivencia del individuo. Que es la misma esencia de la vida en común. Que es la causa por la que surge la civilización, ley que marca los renglones por donde se traza el modo de vida civilizado. Y justicia, que es el ideal en esencia de toda civilización como puerta al reconocimiento y a la vivencia de la realidad pura, o también llamada Verdad, sin preámbulos ni intereses personales como diría Kant.

Al hablar de la verdad en lo referente al robo y a la civilización, hablamos de una máxima de existencia pura, que es que el miedo surge siempre de un apego, y éste de una necesidad o querencia a algo. Este algo puede ser la vida misma del individuo o la de su familia. O la tenencia de un bien. Tras este amor o necesidad a algo. Surge el apego y el miedo a su pérdida.

Dicho miedo imposibilita vivir en la verdadera realidad. Todo miedo o deseo recrea una realidad en la mente del individuo. Que como se dijo antes. Es el comunicador del exterior al yo. Por cuanto, su comunicación ya no es real ni objetiva. Es falsa a través del hecho de que se filtra a mediante la realidad que marca la mente.

Reconociendo esta profundidad existencial del individuo y el Todo. Ortega y Gasset diría Yo y mi circunstancia. Vivir en una civilización humana, donde el individuo tiene la protección y la ayuda de sus iguales. Reduce de forma drástica el miedo y el terror. Libera la mente y la creatividad. Consiguiendo así que el individuo viva en la realidad. En la verdad. Pero... es esta realidad que hemos creado en rededor nuestro, a la que llamamos civilización, una realidad. ¿O es recreación material de un pensamiento o ideal? Ya que claramente es lo segundo. Está esta realidad sujeta a toda alteración o modificación de una mente organizativa. Y esto también ya se habló. El poder es realmente poder, cuando el capricho de uno, trunca la realidad de muchos. Pues altera y modifica la realidad. La Verdad. Descubriéndose que vivimos en una gran mentira. En una recreación mental. De esta forma, podemos ver que toda creación humana ha de servir al humano. Al ser. Al yo profundo. Frente a una segunda realidad, en la que toda creación del hombre tal vez conquiste a éste, y el hombre sea siervo de su creación.

Se deduce que toda creación o alteración de la realidad de este mundo mental en el que vivimos y llamamos civilización, sea creación humana para el ser, no una creación del hombre. Pues esta otra puede esclavizar tanto a la sociedad, como al propio individuo que desde su capricho o mente, crea.

Sabiendo esto. Debemos de profundizar en el mundo mental que causó la existencia de la civilización, advertir sus pautas enfermizas y remediarlas. Potenciar sus partes más benévolas que son los sirvientes a lo común, que es la misma esencia de comunidad, causa de la civilización. Siendo ésta última el modo de vida en comunidad.

O sea. La civilización es el modo de vida que se realiza en una comunidad. Cuando los individuos no viven según su individualidad, sino según lo común, que es la vida en comunidad. Esto nos lleva que tan salvaje y selvático, por cuanto causante de retirarse por miedo a la supervivencia, es, el rugido de un león para un individuo solitario y desarmado. Como la presencia comercial o laboral de un competidor superior que atenta la supervivencia del individuo por medio de la fuerza causada desde su superioridad. Como también atenta la supervivencia del individuo, la fuerza del derecho a la propiedad. Por la cual tengo derecho ya que el bien es mío, e incluso abandonarlo al tiempo del no uso y su correspondiente deterioro. A pesar de ser útil y necesario a otro que no lo tiene. Pero por la fuerza del derecho a la tenencia de propiedad. Puedo excluir y eliminar la causa de supervivencia, o al menos, atentar contra ella, por la fuerza del derecho a la propiedad.

Esto tiene que ver con el uso de pisos abandonados, por personas que no tienen donde vivir. Su uso gratuito es causa de injusticia, ante el propietario. Pero su deterioro por derecho de propiedad, causando exclusión social del que se ve viviendo en la calle, sin techo de cobijo. No es causa de injusticia, si no de atentar contra la supervivencia. Dicho atentado como vemos, es causado por la ley selvática de la fuerza y no del convenio social, ni por causa de justicia.

Se ha de reconocer una máxima, en lo referente a lo justo y la justicia. Donde se dice que: "Daño, justicia y venganza es presencia del mismo mal que cambia de poseído cuando ya el anterior estando vencido no le vale para seguir causando mal. Y aquí acoge a un nuevo huésped más fuerte para la victoria. Victoria del mal".

Otro de los robos legales y autorizados que esta civilización tiene, aunque atentan gravemente a la supervivencia del individuo, es el de la libertad. Pues esta realidad que hemos creado, la civilización, no otorga respuestas suficientes al individuo para libremente realizarse. Dicha actuación está sujeta a las necesidades, ya no comunes de la comunidad. Si no a las necesidades de aquellos que dictan la realidad. Este hurto de libertad primaria, atenta gravemente el concepto de toda civilización, ya que, repito para remarcar: "Toda civilización es una unión social. Una forma de vivir en comunidad. Deduciéndose que la pauta esencial es la causa de la unión, ¿qué les une? Esta unión ha de descansar en una causa social por cuánto humana. Si no es así, es un colectivo seglar a una causa ajena o esclavo." Realmente nunca es así. Y toda civilización tiene límites llamados fronteras, que por lo común se alzan según realidades geográficas. Por lo que la causa de la vida en común no es del ser sino del estar. Llegando al nacionalismo, el patriotismo o la monarquía. Todas ellas expresiones o cantos o causas de vida seglar.

En este tipo de comunidad, el individuo no vive en su libertad de ser, sino en su libertad de tener. Tener vivienda, tener agua por el río que pasa, tener trabajo por la situación geográfica bien de puerto o de industria o de playa... Olvidándose así también al ser. Es otro medio desde donde el robo del ser es claro, real, y acuciante.

En la actualidad con la llamada globalización, los mercados se han expandido por todo el mundo, causando la existencia de países que estaban en vías de subdesarrollo, hayan tenido un crecimiento enriquecedor tal, como para ser llamados por los inversores, países emergentes.

Dicha globalización ha impuesto una realidad concerniente a lo social, a lo legal y a la supervivencia. Por cuanto se convierte en una realidad perteneciente a la Verdad. Y no es más que la del dominio del mercado y su capitalismo. Surgiendo aquí otra máxima o ley de esta realidad, que al imponerse, también esta máxima del capitalismo se impone. En el mundo del capitalismo no existe el concepto de la justicia entre las relaciones humanas. Se acepta y se defiende que todo vale en pos a la consecución del beneficio final. Si el mundo es regido por el capitalismo... el mundo no tendrá justicia ni honor, que es la ejecución de lo justo sin previo juicio, por sí mismo.

Sabiendo esto, podemos ver que un dominio en la realidad del capitalismo o del mercado, como único bien de supervivencia no es más que volver a la selva en lo referente a la supervivencia y a la ley de la fuerza. Más manteniéndose en la realidad mental que toda civilización tiene.

Tenemos la mentira irreal de toda comunidad alejada de la naturaleza, dominada esta realidad por el capricho de unos pocos, capaces de imponer su deseo como realidad de muchos, en pos al poder obtenido.

Por otro lado, el terror de la naturaleza en la supervivencia del salvajismo, ya que como en el capitalismo sólo se persigue el beneficio, y toda senda es legal si su meta es éste. Estamos asentando como verdad y legalidad, que el ejercicio de la fuerza como imposición de realidad es permitido. Presuponiendo que el beneficio obtenido recae en la comunidad, y esto supondría un pago en pos a los daños causados por el ejercicio de la fuerza. Mas, dicho pago en lo común nunca existe. La tributación del beneficio se realiza en otros países, en otras comunidades, o simplemente, no se realiza, si hablamos de paraísos fiscales.

Es en esta realidad cuando surge el acto de la extorsión. Donde la multinacional que es el león de la selva, pues manda por su fuerza, no por su justicia ni por su honestidad ética, comunitaria y civilizada. Desea romper las barreras de las fronteras en su expansión, aumentar sus dominios e imponer su realidad. La ley selvática de la fuerza.

El león que reconoce cuál es su necesidad, que no es otra más que la realidad de la fuerza como acto de ley. Y reconoce la realidad de la civilización. Donde la fuerza de la ley recae en lo comunitario y en lo justo. No en la fuerza. Puede extorsionar a toda una nación, condenándole a la pobreza. Pues al vivir en capitalismo, éste que es creación del hombre. Puede ser realidad alterada, para que cause pobreza y no riqueza. Una vez empobrecida, ofrecer el pedazo de pan. O sea. Un puesto de trabajo por el cual subsistir, a cambio del dominio según su fuerza. Desapareciendo así todo acto comunitario y civilizado, conllevando la ausencia de lo justo y lo honrado en la realidad común y civilizada de dicho territorio o país.

El peligro que se corre al vivir según la mente, es el de caer en el idealismo, el cuál es referente a la irrealidad, pues identifica al pensamiento que surge de las ideas. Sabiendo que la mente humana es selectiva en lo positivo, y olvida lo negativo. El idealismo siempre verá lo bueno o ideal. No la realidad, surgiendo el desengaño cuando esta realidad mental se intenta materializar.

La única senda existente para evitar el idealismo, es vivir según la realidad. Ser objetivo. Para tal acción se ha de fluir con la realidad. Vivir en ella, reconocer sus mejoras y faltas, y responder en su saciedad única y exclusivamente. Sin interponer imposición alguna. Toda interposición causa choque. Y todo choque causa exclusión. Y esto está sujeto como se dijo antes. A la competencia. Para tal motivo, la no acción es fundamental en todo acto.

VIVIR SEGÚN EL YO, LA NO ACCIÓN

Muchas son las formas de vida que causan la renuncia del ser, desde donde se alcanza el no ser. Pero de entre las dispares formas, bueno es escoger la que alimenta al yo, y no a un vacío o mente que nos puede llevar a la esclavitud, desde donde el individuo y la masa existe en pos y para unos pocos que causan la realidad o las circunstancias de estos muchos.

Escoger una realidad verdadera y objetiva que alimente al yo, es retirarse de la cárcel del mundo mental que puede llevar al individuo a ser extorsionado y esclavizado mediante muchos modos, como ya hemos visto. Principalmente desde la retirada de riquezas que causan formas de subsistencias, y desde la exclusión social que causa debilitamiento, ya que la única forma de luchar contra la ley de la fuerza que el individuo tiene, es la colectividad y la vida en comunidad. Ya esto se observó en las cacerías prehistóricas para grandes reses. ¿Acaso es necesario tratar a los que impera la ley de la fuerza, como reses de cacerías? ¿Es necesario que el mundo retorne desde otras circunstancias, pero al mismo modo de vida selvático? Estos colectivos de cacerías que causaron poblados, bien podrían ser modelos cooperativistas laborales o asociaciones empresariales conjuntas. Con esto quiero indicar que estamos a las puertas de esta realidad si nuestra senda común que marca la realidad, sigue estos mismos pasos que vivimos en el tiempo presente.

Cuando hablamos de globalidad en el modo de vida según el yo y la no acción, después hablaré de forma más directa en lo que respecta al individuo. Es necesario indicar la labor del Estado como punto de unión de lo común. Pero nunca como punto de gobernación.

Para que el estado tenga autonomía comunitaria que actúe, sí que es necesaria la presencia de individuos que una vez hayan recogido la información de estas necesidades comunes o comunitarias, realicen actuaciones en pos a su solución o realización, según sean necesidades o creaciones e innovaciones. La vida de estos individuos si se rigen únicamente en la solución y satisfacción de lo común, vivirán según la realidad, y materializando lo que llamamos fluir, evitando la coalición a través del objetivo y lo común. Ya que si algo es común, es contrario a coalición. En el instante que dichos individuos causen coalición, es señal de no realizar actos comunes. Esto indica que viven en sus deseos, mentes o necesidades. No en la realidad que es lo común. Siendo en una visión más global, que lo común del humano, que no del hombre, ha de ser común con el entorno donde vive. Para así realmente vivir en verdad y en realidad.

Toda coalición es causa de mentira y falsedad, a través de la imposición de realidades mentales o idealistas.

Viendo la vida del individuo según el yo y la no acción. Tal vez consigamos profundizar aún más en la visión de lo colectivo una vez visto en general lo comunitario.

Vivir según el yo y la no acción, para alcanzar el no ser desde el individuo, nos lleva a alinear las partes o pautas que conforman el individuo. Mente, sentidos y cuerpo. Que en su unión causan el yo. En tal visión, no solo reconocemos el yo, que es lo común y el punto de encuentro de todas las partes del individuo. Si no que también reconocemos que estas partes no son identificadoras del yo del individuo. Si no posesiones a utilizar por el yo. Mientras mejores y más ricas sean dichas posesiones, sentido, mente y cuerpo. Más ricas y mejores serán los actos del yo, y del ser. Enriqueciendo con estos actos al mismo ser.

¿Es en los actos del individuo, donde se forma el yo?

Tal vez los actos se hallen influidos por los hechos o circunstancias que rodean la ejecución del mismo. Pero sí las intenciones y la capacidad de influir tanto en el acto como en las circunstancias, ejerciendo el ejercicio de causar una simbiosis influyente en ambos. Circunstancia y acto. Es obvio y evidente, que si el acto surge con la intención de saciar necesidades comunes de la realidad, su materialización será más práctica y fácil, que si surge desde la competencia.

Sabiendo esto. Podemos ver que existen varias capas de la vida según el yo, que se han de ir realizando pauta a pauta. Iniciándose siempre desde el ejercicio de la observancia, para tal observancia, se ha de empezar desde la contemplación de uno mismo. Para así advertir el yo, y reconocer la utilidad de las partes del individuo. Y ejercitar el acto de señorear en las utilidades. Y no en sus usos. Una vez que el yo se ve reconocido, y observa las posesiones como utilidades para el ser, y no como posesiones para el tener. La observación contemplativa del exterior también será igual que la del individuo donde se advirtió el yo. O la observación interior. Así, los medios naturales y de la realidad común serán usados según su naturaleza, y no según nuestra necesidad. Tal vez un colectivo de individuos que realmente sean individuos humanos, y no individuos que creen ser su cuerpo, su mente o sus sentidos. Vean la realidad y reconozcan su utilidad.

No hacer esto, es vivir ciegos y en la mentira. Llevándonos, como se dijo antes, a la prisión de la esclavitud, bien según el gobernador que gobierna por su fuerza, o bien por el miedo de los apegos y las necesidades. O bien por las ilusiones de nuestra mente.

RELIGIÓN Y SENTIMIENTO RELIGIOSO O PARUSIA. EL ENTEÓGENO MORAL O MENTAL

La etimología del término antropológico enteógeno, procede del griego. El primer término, Enteo, en griego, éntheos, significa que tiene a un dios dentro, o la inspiración por los dioses. Genos trasciende del origen o tiempo de nacimiento. O lo que se llega a ser. El término aporta una visión conjunta que nos dirige a un pensamiento. Nos dirige a la posibilidad de llegar a ser inspirado por un dios. Enteógeno o enteogénico.

Uno de los grandes males que causa toda religión, fuera del credo que fuera, es su primera ley máxima, siempre dada pero nunca mencionada ni dictada. Para que de esta forma siempre esté presente. La visión exterior. La búsqueda. La cuál cuando al fin es alcanzada, causa un sentimiento de complicidad que evoca o causa un pensamiento de plenitud en uno mismo. Afirmándose por el creyente que ha hallado su alma. A esto le llamamos iluminación. Pero en su sentido estricto, realmente no es más que advertir o descubrir una parte del ser, o como se decía antes, una de nuestras posesiones más importantes y necesarias. El sistema nervioso. Capaz no sólo de informar a nuestra mente del dolor que existe en una parte de nuestro cuerpo. Si no desde el subconsciente decirle al cuerpo cuál es su información. Tal dominio del sistema nervioso es complejo y no común en la existencia del hombre actual.

Conocemos la comunicación cuerpo mente. Pero la comunicación mente cuerpo es menos conocida y menos usada. Pero no deja de ser una posesión más de nuestro ser. Todas estas posesiones se han de ir descubriendo para conocerse a sí mismo. Y después unificarlas según sus necesidades. No según nuestros caprichos, o las necesidades del mundo exterior.

Pero es obvio que esto no es el ser. Ni es o que el creyente ansía en su mente. Sólo es un elixir. Sólo es una nueva posesión que antes no tenía. Pero al menos, es una posesión real para el ser. No una posesión para el mundo, como la adquirida por la compra. Por tal motivo, aquellas personas que han vivido en un mundo de posesiones. O han tenido una vida posesiva y ésta no le ha dado suficiente saciedad. Halla esta saciedad con estas posesiones. Pues en verdad. Son verdaderas posesiones.

¿Son las personas que ansían poseer materiales, seres que desde su nacimiento están necesitados de descubrirse a sí mismos, y el mundo en lugar de otorgarles tal libertad, los condiciona para poseer el mundo, para mirar hacia fuera y engañarlos? Aún siendo posible contestar de forma afirmativa, no dejan de ser posesivos.

Todas las religiones nos obligan a mirar hacia fuera, hacia una búsqueda que es causa de meta que sustituye la posesión material para alcanzar posesión del ser o logro. Causando una gran cuestión, ¿son todas las religiones unas falsarias en su estricta estructura, al inducir la búsqueda exterior para prolongar la posesión exterior en el logro interior?

Ante tal cuestión que dejo para respuesta del lector, pues toda respuesta a tal cuestión es cuestionable y opinable, necesario es remitirse a una de las enseñanzas más famosas de Jesús en lo que respecta a las posesiones y al mundo material en el que vivimos. "Dad al César, lo que es del César. Y a Dios, lo que es de Dios".

Dad es un verbo de posesión que causa posesión y desprendimiento de la misma. César es pronombre de imperio y poder. O sea dominio de la riqueza en pos a la posesión y no en pos al medio de supervivencia, como antes se observó.

Bucear por la primera parte de la enseñanza. "Dad al César, lo que es del César", es una enseñanza más que revolucionaria para nuestros días ya que lleva al individuo a la separación del sistema que rige su vida, para iniciarse en un modo de vida de autorrealización donde sólo él es responsable de sus actos y de su vida. Necesario es ser valiente para tal paso pues ya aquí no existe figura de progenitor, maestro o gobernador al que si las circunstancias son adversas, podamos culpar o pedirle ayuda. Sólo el individuo depende de sí mismo. Pero tal situación nos lleva a tiempos prehistóricos donde el hombre en su soledad cavernaria luchaba contra los medios naturales y sus fuerzas. Fue la colectividad la que le propició las capacidades mentales y físicas para alzarse como dueño y señor del planeta. Pero… como el lector puede observar por sí mismo. Este señorío que se ve truncado hacia la senda del poder y la posesión del planeta no descansa en su origen o causa de existencia en la posesión, descansa en la unión de individuos que necesita para que surja y exista;

Primero han de advertirse estos individuos como individuos. Sin etiquetas ni grupos.

Segundo, que cada individuo tenga la capacidad de advertir por sí mismo y así comprender la realidad y con ella la necesidad de actuación.

Tercero es comprender que la unión que aquí surge es para la conveniencia común de los individuos, que es el acto cooperativo. Pues cooperan. Nunca para el beneficio del tercer sujeto ilusorio llamado grupo, ciudad, estado, reino o bandera.

Actuar para causar un fruto que sacia una necesidad. Y todo gusto no es más que un canto de la mente que en tiempo presente solicita al ser una necesidad futura. Donde vemos que la necesidad o gusto puede presentarse como una misma realidad si la ausentamos de la potencia del tiempo. Y no actuar por causa de una posesión que no surge de la acción directamente. Es dar al César lo que es del César. El oro surge de la minería y tiene su utilidad hoy día para las comunicaciones informáticas. Para tal hecho ha de ser usado el oro. Como el cobre para el cable del teléfono o como conductor eléctrico y el ser humano para humanizar. Tal es el fin de su existencia.

Dar al César lo que es del César, comienza a convertirse en un canto de renegar de los gobiernos, los estados y las maquinarias grupales que subyugan al individuo. Y en verdad, buen ejemplo es éste de César, ya que Julio César murió a manos de su propio estado, de su propia creación al así también vivir. Una lectura filosófica o psicológica de la vida de César puede ser ésta, el individuo ansía la grandeza de su persona o ser y se alía con ese tercer sujeto llamado grupo. Pero que como grupo sólo advierte a los de su naturaleza. O sea a otros grupos y no a los individuos que lo componen. Para que cuando intente ser individuo o persona éste por traición lo ejecuta, pues el mundo del imperio no está hecho para el individuo, sino para que éste se ausente de sí mismo y sólo sea consciente del grupo. Algo que nunca fue real al ser causa de una necesidad.

Es la segunda parte de la frase la que puede tener mayores controversias en el tiempo actual y en la época en la que fue dicha. "Dad a Dios lo que es de Dios".

Esta última sentencia tiene dos únicos varemos posibles si la queremos enlazar con la primera parte de la enseñanza. O está comparando a Dios con el César, o sea, otra entidad grupal creada por la mente de los hombres para saciar unas necesidades que ahora se presenta como una necesidad por sí misma y no como algo que sació la necesidad. O bien advierte a Dios como expresión moral de la capacidad humana del individuo afirmando que Dios es cada individuo en su función humanista, no en su función material o posesiva, para la función humanista es necesaria la capacidad y la actividad ejercitada de advertir la realidad tal como es. Sin deseos de guardar o salvar posesión alguna. Fuera material o individual, como el hecho de la razón que es otra posesión del ser como el sentimiento. Y como toda posesión se enriquece con su inversión en ella con su mejora frente a la razón quien se enriquece con su adversario al beber en un dispar abanico de posibilidades no tomadas o reconocidas desde un principio que permite tomar parte del contrario y acercarse al todo. Por lo que nunca debemos de imponer la tenencia de razón propia sino dejarnos llevar por la realidad simple, así al ser conscientes de la realidad seremos conscientes día tras día de nuevas razones que enriquecen nuestra razón.

La vida es un milagro y no lo digo desde un prisma religioso, todo lo contrario, más bien desde su adverso, el científico. Es este modo de observancia de la realidad que nos rodea y a la que pertenecemos, aunque nos guste recrear otras realidades en las que vivir; en el cuál se nos dice que la vida no sólo existe como un ente propio en todo el universo, llegándose a afirmar este cuerpo o este planeta tiene o no tiene vida, o si la misma fue plantada desde el espacio con la caída de un meteorito helado. Es necesario meditar profundamente que la vida existe y es parte de la existencia o del todo. No una mera quimera de filosofía, existencialismo o religión. Intimar con esta nueva visión sobre la existencia humana para finalizar diciendo si la vida existe con todas sus consecuencias también existe la muerte. La no vida.

Si continuamos escuchando lo que la ciencia nos puede seguir diciendo sobre la vida en su sentido más estricto como ente propio del todo, no como ideal, podremos escuchar en sus primeras explicaciones que ésta tiene una serie de leyes que forman y dan cuerpo a su existencia llamadas leyes naturales, como cualquier otra materia existente en nuestro universo.

Una de sus leyes naturales e irrevocables de la vida misma es la evolución, pero esto que llamamos evolución siempre por el hombre fue mal entendido. Nunca fue una escala piramidal hacia mejores resultados en la senda evolutiva que en los estados anteriores, sino que la evolución en su sentido más íntimo y profundo, es la acción inherente de la vida de seguir existiendo. En su ímpetu natural de la vida misma de seguir viviendo, de seguir siendo ella misma. Pues si la vida no vive, no es vida. Se esfuerza y altera todo lo que en su alrededor se halla en pos a una única meta o pauta. La Vida. Desde esta visión se podría deducir que:

Evolución no es mejora.

Es interacción con el medio para la subsistencia.

El metafísico y el existencial, ante tal cuestión pensarán, ¿cuál sería la interacción con el medio de la vida, en sentido propio del término, cuando el cuerpo fallece?

Esta cuestión que solicita una respuesta material sobre la ubicación y alteración que el ente al que llamamos Vida tiene al deteriorarse el cuerpo físico, no tiene respuesta actualmente para el hombre. Pero de la misma cuestión podemos extraer otra visión. Una visión que para la mente materialista y pragmática del hombre actual sea difícil de advertir. Y una cuestión muy nebulosa si es advertida por mentes religiosas o espirituales. ¿Y si el cuerpo, que es el pragmatismo mismo del ser del individuo, no fuera más que un entorno? Un entorno para nuestra mente y ésta para lo que advertimos como Vida.

En la existencia hay muchos entornos advertidos por la ciencia, no sólo los materiales, vaporosos o acuosos de los dispares estados de la materia en nuestro planeta. Sino que incluso ya se acepta la existencia innegable de las dispares dimensiones espacio-tiempo que desde Einstein se afirmaban, pero que muchos las tomaban con recelo.

¿Dónde nos lleva todo esto?, a una única realidad sobre la ley máxima de la Vida. El entorno y su interacción con él. Pues dominando el entorno controlas la respuesta de la vida misma, al interaccionar con él, permitiéndote interaccionar con la evolución.

Conociendo esta ley natural que controla la existencia de la vida, la interacción de la vida con el entorno para su subsistencia, sea cual sea su estado, como podemos ver en el agua al convertirse en vapor al calentarse y volver a tomar estado líquido si éste se enfría como se observan con las tormentas. Podemos realizar un ejercicio de observación de la vida en su lucha por interactuar con el medio para su subsistencia.

Dice la antropología sobre la existencia de los perros y con ella hablamos sobre la domesticación de los animales por el hombre, que en la antigüedad los perros no existían. El animal que la naturaleza había creado era el lobo, siendo estos animales en su diversidad de individuos, cuando algunos de ellos advertían que acercándose al hombre se aseguraban la comida, y la lograban de forma mucho más fácil al no ser necesario cazarla, o compartir el acto de caza. Éstos no sólo se acercaron, también comenzaron a interaccionar con el medio nuevo que la subsistencia les marcaba. El resultado final fue que el animal surgido era más dócil, servicial y protector.

Son estas precisamente, las bases necesarias para que un ser pueda llegar a identificarse como civilizado. Abandonando su estado selvático o salvaje. Lo que la observación antropológica nos quiere decir, respecto al comportamiento de la Vida en su interacción con un medio de subsistencia más dócil, es claro y escueto. La ausencia de peligros que atenten contra la subsistencia, causa civismo. Ante su adversa visión, que es el entorno del lobo o el entorno anterior del perro. La necesidad de supervivencia extrema causa agresividad, voracidad, salvajismo e individualidad.

Si mantenemos nuestro ojo observador en el comportamiento de los lobos que viven en manada, cazan en manada y cuidan de sus crías, alcanzando que ellos confronten un modo de vida civilizado, dócil, servicial y protector para con los suyos. No es por el mero hecho racial o sanguíneo, es por el mismo principio de supervivencia. Han descubierto que la vida en manada cuidándose mutuamente unos con otros, es más segura tanto en la defensa como para la caza. Ante tal imagen debemos de preguntarnos ¿qué es civismo? ¿El comportamiento del lobo, sólo con su raza o manada; o el del perro, sólo con su dueño, pero que consigue tenerlo con un ser ajeno a su manada o raza?

Esto no es un libro religioso pero tiene cabida en este momento una enseñanza o palabras de Jesús. No recuerdo ni sé de qué evangelio. "Yo Soy la Vida", "Amaros unos a los otros", o la parábola del samaritano.

Si la vida en sí es supervivencia mediante el ejercicio de inmiscuirse con el entorno. Lo que aquí estamos viendo es que la Vida tiene el mismo comportamiento que el propio Universo y todo lo existente en él. O tal vez viceversa. Que el Universo esté vivo y por tal motivo albergue en su existencia el mismo comportamiento que la Vida, que no es otro que su expansión.

Para esta expansión natural la interacción de distintos cuerpos causan expansión de la Vida y ésta al expandirse toma más fuerza consiguiendo un mayor potencial para su subsistencia. O dicho de otra forma, mientras más se expanda la Vida, más difícil es combatirla. Es igual que su adverso. La muerte.

¿Es la Vida un Virus? No. El virus es la vida, es otro ser viviente que se expande. La lucha sólo la gana quien mayor fuerza de vida sea capaz de albergar al unirse. Y los virus son expertos en esto.

Para finalizar esta primera cuestión. Si la Vida es un ente que existe y tiene un constante comportamiento. La subsistencia a partir de su expansión en la interacción con el medio, junto a la ausencia de peligro en su subsistencia es la causante del civismo. Frente a la ley adversa que dicta la existencia del salvajismo en su sentido más extenso ante el peligro de subsistencia, por lo que alterando el medio podemos alterar la Vida en sí misma y con este medio incluso alterar nuestro cuerpo o cerebro al ser parte de él.

Debemos de meditar profundamente que todo entorno que no garantice la subsistencia del individuo será entorno selvático y salvaje. Alcanzando salvajismo y voracidad en el individuo, frente a cualquier entorno que la garantice que causa civismo.

Tal visión final nos revela una ley natural de la existencia que sería existencialismo. Si el entorno que el hombre recree con su existencia grupal no está dirigido a la subsistencia, éste dejará de ser un ser humano, un humanista. La civilización desaparecerá surgiendo de ella su estado anterior, el salvajismo. No pudiéndose caer en el error de crear un entorno donde el hombre sólo vive para causar un entorno seguro, ya que esto es la causa de toda inseguridad y causará la misma voracidad, por miedo esta vez, que la ausencia de dicho entorno.

Prolongando este pensamiento desde la senda de la antropología evolutiva socio-cultural, es como decir que al construir nuestras primeras murallas que fortificaban nuestras primeras ciudades por las cuáles los ciudadanos quedaban defendidos y seguros de peligros exteriores como el lobo, y con él a salvo también de sus siembras y ganados. En tal exposición visual. Imaginen que el rector de la ciudad día tras día mande a toda la población a la construcción de más murallas en el exterior, o murallas más fuertes en lugar de vivir tras ellas. Al vivir todos los días así las murallas alzadas no son útiles. El hombre no sólo vive en el exterior, también advierte el todo como un peligro al que defenderse. Incluso llegaría a querer defenderse del sol, del viento y de las estrellas al no vivir en el mundo real ni en su civilización interior que es en el interior de las murallas. Todo esto lo cambió sin advertirlo por su mundo mental en el que todo temor y peligro tiene cabida.

Creo que hoy día el hombre ha sido esclavizado para alzar murallas en nombre de la seguridad y del porvenir, no en nombre de la realidad y la verdad. Pero... ¿acaso la verdad es un término al que nos podamos acoger en existencia, como antes vimos con la Vida?, ambos términos siempre tratados como existentes pero alegóricos a la vez.

Opino que la verdad de las cosas existe. Lo que ocurre es que el hombre hasta nuestros días, aún no ha descubierto la razón plena de lo que llamamos Vida. Para así entender de forma profunda y absoluta la razón de su existencia a la que llamamos Verdad. Es como ver la punta del iceberg sin saber que bajo este pequeño casquete de hilo que sobresale del agua, hay un cuerpo helado nueve veces mayor al que vemos, figurado el iceberg como expresión de la Verdad. Y filosofamos y nos introducimos en la teología y en la metafísica al verlo moverse. Pues no lo conocemos en su plenitud. Si así fuera, comprenderíamos su existencia y su forma y con ellas su Verdad.

Esto nos lleva a afirmar que Verdad y Vida no sólo existen, también son conceptos de una misma existencia, de tal forma que para tomar la Verdad y la Vida es necesario conocer la complejidad del Todo. Podemos finalizar diciendo que la Verdad absoluta existe y sólo es advertida cuando comprendemos la existencia del todo que ha sido observado.

Si el hombre alcanza el conocimiento mismo del concepto de Vida en mayúsculas, se topará de forma directa con el concepto Verdad absoluta.

Esto desde una visión más filosófica, tal vez más entendible para el lector que no sea un astrofísico o similar. Es como realizar un profundo ejercicio de meditación y comprensión del ser. Para ir desnudándose poco a poco hasta retirarse todos los ropajes que adornan su existencia posesiva y superficial. Cuando advierta su cuerpo desnudo es cuando el individuo advierte la Verdad de la vida, su belleza o fealdad. No la de sus ropas y engalanados. Al igual como así con el cuerpo acontece, también ocurre con la Vida.

Si el lector medita profundamente sobre su vida desde la única senda de la Vida, poco a poco verá que deseos, ilusiones, posesiones y ansiedades son ajenas a él, y que ninguna de estas existencias se corresponden ni con la Vida ni con la Verdad. Se podrán corresponder con la vida idealizada que surge de su mente. Que o bien es la vida de temor del constante constructor de murallas y nunca serán lo suficientemente ni fuertes, ni altas, ni numerosas para saciar su voracidad temeraria. Esto como podemos comprender no es la Verdad de la Vida misma. Ni tampoco la tranquilidad plena de la vida tras las murallas, ajena a toda la existencia exterior. Ambas realidades, la de la vida en las murallas y la de la vida en su interior, son en su esencia partes de una misma realidad, la de la no realidad, también llamada realidad mental.

El político diría que el individuo tiene derecho a elegir su modo de vida. Y esto no es menos cierto que el hecho de reconocer que tal elección es una quimera gustativa. Pero que nunca podemos secuenciarla como esencia misma de la existencia, de la Verdad o la Vida al no ser naturales.

El lector me dirá ahora. ¿Y dónde quedó la idea de un modo de vida seguro para recrear un ser civilizado y humanista, alcanzando poder ser humano, si ahora se afirma que la Verdad absoluta de la Vida en sí es vivir de forma salvaje y natural?

Pensar así es un error.

Debemos de pensar desde la comprensión misma de la Vida en sí. Desde las esencias más íntimas de la evolución. Todo comportamiento del individuo o del grupo, sea regional, cultural o racial, que sirva para la supervivencia y la seguridad de esta, es acto de la vida misma, lo que llamamos evolución. Es una manera de interactuar con el entorno para conseguir la supervivencia. Ahora, en el momento que esta recreación causada por la necesidad de supervivencia deje de ser una con el entorno, convirtiéndose así en un enemigo de éste, el peligro vendrá con la adversidad que marca tal enfrentamiento entre tu supervivencia y la del resto.

Del Tao Te King de Lao Tsé se puede extraer que la calma es la esencia misma del Tao, desde la expresión usada en el texto sobre la no acción. Los tiempos de tormenta, aun existiendo, son alteraciones que por no pertenecer al Tao son de tiempos reducidos. Pues bien. Lo que aquí se advierte es que la supervivencia real o verdadera es la de advertir que la Verdad y la Vida existen de forma material y cuantificable. Causando así una interacción global con el todo. Esto el religioso lo llama Dios en misa, pero en reunión agnóstica por autodefensa de su moral, lo llama panteísmo.

Como vemos, las ausencias de conocimientos de la realidad existente de lo que llamamos vida y existencia de forma mayúscula, nos deriva a errores aún teniendo la Verdad ante nosotros. Para no caer en tal lodazal, debemos pensar que no es necesario salir fuera para conocer lo común al Todo, solamente debemos de interiorizar nuestra visión a lo íntimo. La misma esencia del individuo es la esencia grupal del todo.

Esto hasta hace unos años era quimera filosófica, panteísta o religiosa del sector del creacionismo, sin embargo es su adverso. El científico que siempre defendió la tesis de lo casual es el que nos trae ahora la teoría de cuerdas y la fórmula del todo.

Pero... para sorpresa del lector, esto no es nuevo. Demócrito (460-370 a.C.), jónico del norte de Grecia al preguntarse por el hecho de en cuántas partes podría dividir la materia por pequeñas que éstas partes fueran, argumentó que no era posible seguir indefinidamente ese proceso. Afirmando que todo, incluidos los seres vivos, está constituido por partículas elementales que no pueden ser cortadas ni descompuestas en partes menores. Llamó a estas partículas, "Átomos", que en griego viene a significar Indivisible. En este concepto, al que se le llama Atomismo. Donde el hombre se advierte como una pequeña parte del todo, y no como el centro mismo de la creación divina. Tuvo su voz más alta en Aristarco, (310-230 a.C.), autor del texto más antiguo de entre los que hablan del sistema heliocéntrico planetario. O dicho de otra forma. De nuestro sistema solar. Y digo el texto más antiguo, y no autor primario de tal visión, ya que sus datos son tan profundos como para alcanzar la medida de la tierra.

Con tal afirmación intento dilucidar que tal vez, y es mi opinión. Que Aristarco no realizó el ejercicio filosófico de verse como parte de un todo, y en su profundidad alcanzar la visión astral de vivir en un pequeño planeta que gira en rededor del sol, y que todas las estrellas son soles lejanos, que por tal lejanía, se advierten pequeños. Pero que podrían ser aún mayores que nuestro sol, que es mayor que nuestro planeta. Esto ya lo tuvo que dar por sentado, para con tal confirmación en su mente, al menos, trabajar en una investigación más científica, ponderada y matemática, que arrojara más datos físicos sobre este ideal filosófico.

Lo que hoy día estamos, desde la astrofísica, iniciando a observar las esencias mismas de la existencia, entendida como expresión de la Vida y la Verdad. Hechos antes dados como filosóficos o sutiles. Y no como materiales. Es lo que en Sicilia hizo Empédocle, (490-430 a.C.), al descubrir la materialización y existencia del aire. Algo que se consideraba inexistente.

Al hablar aquí de la existencia material y científica de lo que hasta ahora habíamos considerado algo etérico o filosófico. Vida y Verdad. Aún a pesar de tenerlo siempre ante nuestros ojos. Nos puede abrir la puerta a una nueva visión de la realidad, ajena al modelo cartesiano que Descartes dictó diferenciando materia y espíritu, acercándonos más a la fusión de estas dos partes de la realidad, que en tiempos ancestrales nunca se diferenció. Si no que por su contra, siempre fueron partes de un mismo cuerpo, al que llamaron Todo o Madre o Dios. La diferencia de este tiempo al ancestral, es la experiencia y la visión que nos ha otorgado estos siglos de materialismo posesivo. Tal vez procedente de nuestra más pura esencia de ser mamíferos. Que es la esencia más pura de toda posesión. Mi hijo, mi esposa, mi familia. Mi entorno. Y esto nos lleva a la posesión material de los bienes como instrumento de supervivencia para uno y los de uno.

La caducidad del modelo cartesiano o materialista surge cuando el individuo tiene garantizada la supervivencia. O bien, cuando la misma a pesar de las presencias materiales, no está garantizada. Descubriéndose que estas materias o elementos físicos de posesión no son útiles para la supervivencia. Aunque en tiempos anteriores sí lo fueran. O... ¿acaso estamos en un nuevo escenario de supervivencia, donde los otros restantes elementos de la vida, al no ser aceptados como parte de la nuestra, son entendidos como enemigos? Y tratándolos así, estos enemigos han conseguido a través de los siglos, una entrada entre las altas y numerosas murallas.

Pudiéndose deducir que el materialismo unitario, que es el que hasta ahora hemos conocido, sólo tiene causa de existencia y de utilidad mientras toma forma. Mientras crece. Pues a medida que el materialismo se desarrolla, el individuo y la sociedad advierten sus ventajas. Causando una sensación de seguridad. Pero al final estamos advirtiendo que era solamente una sensación. Era la recreación de una realidad virtual. El imperio romano, dicho por ellos mismos, era una idea. Un ideal por el que luchar. Ellos ya lo reconocían.

Mientras que el individuo era puesto a salvo del feroz ataque del lobo o del león. Se cobijaba en la cueva del oso, de la que ya no podría salir. Esta realidad material final no es nueva.

La causa de la conquista de norte América por parte del imperio británico no fue la expansión imperialista que movió la conquista de la India siglos después. Sino la necesidad de más tierras, tanto para cultivo, ganadería y viviendas, después de una gran masificación de la población de Inglaterra. Llegando al extremo de no tener más tierras disponibles para la construcción de más viviendas, situación que llevó a la vida callejera a familias enteras sin hogar, sin comida ni causa de subsistencia alguna. Aquí es donde realmente el materialismo había caducado como modelo. Tras la conquista de las tierras del norte de América se asistió a una reinvención del materialismo, llamado comercio expansivo. Que no era más que tomar el manual del imperio fenicio, pero traducido en latín, con reglas de Roma. Al comprender que el materialismo o capitalismo, en este ejemplo concreto, había caducado, sólo se advertía una única salida. La expansión a nuevos territorios. A ser posible vírgenes en toda explotación material. Así se asistió al inicio de lo que hoy es globalización. Mediante el imperialismo. La necesidad máxima de expansión para un modelo, el materialista cartesiano, que ya caducó hace siglos. Pero que el hombre aún no ha conseguido resolver como modelo de supervivencia civilizada y humanista.

Opino tras observar ciertos restos arqueológicos de la prehistoria, desde una visión antropológica, que nos explique las causas de la evolución. O sea. De la Vida en esencia. Es allí, en la soledad de los huesos y de una cierta eternidad, o al menos, esto parece para la mente ingenua al comparar las cifras de antigüedad ante los años de vida del hombre. Que es necesario recuperar todo aquello que descarte separó del modelo materialista. Catalogándolo como partes más inferiores de la existencia.

De igual forma como el materialismo en su modelo de evolución y creación fue advertido como necesario para la supervivencia del hombre. Tanto en lo referente al individuo como en lo social y colectivo. También ahora, en su final más expansivo del materialismo, podemos empezar a entender las necesidades que tenemos que cubrir, y éstas sólo son saciadas por lo no material. Debemos de volver a reformar los valores del humanismo y de la civilización cívica. Pero sin olvidar lo aprendido del materialismo, tanto en lo positivo como en sus fauces más sangrientas, en las que el hombre es convertido en un lobo para el hombre, parafraseando a Plauto, (200 a.C.), *"lobo es el hombre para el hombre, y no hombre, cuando desconoce quién es el otro"*.

Nunca el hombre puede ser un lobo para el hombre, ni para el entorno. Si el hombre altera el entorno desde la piel de un lobo. Creará una selva.

Es por esta causa desde donde hoy día es necesario recordar y así volver a aprender y recuperar los valores de un modo de vida ya ancestral y olvidada. El modelo chamánico o chamanismo, al menos filosófico. Cuando me refiero a este culto paleolítico, no indico al chamanismo esotérico que es el que ha llegado a nuestros días. Sino a este otro chamanismo más moral y filosófico de respeto por toda la creación en su plena diversidad, que es la causa de la existencia de la observación. Pauta esencial y necesaria para todo principio científico.

Hace unas décadas, el hombre no se planteó nunca la necesidad bio climática. Se hallaba ciego de sí mismo y de sus creaciones. Ahora hemos descubierto que nuestras creaciones tienen un límite. Un límite que queda marcado e impuesto por el entorno natural de existencia. El hombre no es hijo de la ciudad, es hijo de la tierra. Sin ella, no hay existencia posible. Pero a su vez, el astrofísico advierte que el planeta no es más que otro entorno como otro país. Y es aquí hacia donde nos dirigimos para prolongar la expansión de lo que ahora llamamos globalización. Que no es más que la expansión económica del materialismo por necesidad propia. Como vimos en el modelo británico, previo a la conquista de tierras americanas.

El hombre no existe ni nace para alzar murallas. Su causa de existencia es para marcar la existencia moral de la vida, frente a la existencia salvaje. Es el complemento expansivo de la vida misma. Pero expandirse como un ser salvaje sobre la selva, lo destruye como ser viviente y como hombre. Y se convierte en ser de muerte, un ser aniquilador. Pero esto no implica que el hombre por naturaleza sea así. Sino que los entornos salvajes se infieren a tal índole. Esto nos vuelve a un tema ya tratado. La globalización que hoy vivimos.

Pensar en un único gobierno para todo el mundo, que es la más pura esencia del concepto de globalización, corre el riesgo de esfumarse en la nada, al poder hacer coincidir la voluntad de la humanidad en un acto físico y cuantificable. Por lo que la esencia misma de la globalización nunca ha de ser sostenida en el poder. Éste necesita el instrumento de la política para realizar sus acciones, y la política es regional y local. Su nombre ya induce su esencia. Poli. Ciudad. Nunca es posible que sea global. El poder en la globalización sólo es válido para lo económico y lo material. Comercio, terrorismo, guerras... para lo malo. Pero nunca para el humano. Éste está cosido a sus entornos sociales, culturales y naturales que imperan la realidad que nos rodea.

Se puede afirmar que desde los derechos humanos se puede construir un poder político para la globalización. Pero nos enfrentamos a un serio problema. Los derechos humanos son válidos en su mayoría, pero en su minoría de puntos contradicen los modos de vida de la mitad de la población mundial. Como por ejemplo el derecho a la propiedad. Visto ya antes. Este derecho a la propiedad, y no la obligación de respetar la propiedad ajena, está causando una voracidad en la globalización que desnuda las vergüenzas de estos ideales de propiedad. Ya que no es el ser humano, el individuo, quien tiene el derecho a la propiedad, sino que este derecho sólo recae en el que pueda comprarla. Este derecho a la propiedad es usado como opresión al humano, al retirarle a éste los enseres materiales por los cuáles surge el acto de subsistencia.

Bauman afirma que no hay solución local, para problemas globales. Y esto puede ser una realidad contrapuesta, ya que toda solución global necesariamente está obligada a pasar por el filtro de lo local. Que es la única situación posible de materialización de ideas. Pero sí que es verdad que para tales soluciones locales, igual de necesario es la existencia de una solución global.

En un análisis profundo sobre los problemas de la globalización actual, podemos advertir de forma rápida, que el reparto de riquezas al no ser equitativo, causa desigualdad. Y la desigualdad lleva a la opresión y al dominio o abuso. Principalmente si estas diferencias se traducen en posesiones con el derecho a la propiedad privada.

Desde esta perspectiva debemos de acoger al mundo como un ente global e individual, ajeno a posesiones más que la de él mismo por él mismo. Esto es panteísmo o chamanismo, lo sé.

Pero es necesario recuperarlo.

La posesión privada no ha de residir en el individuo, sino en la región localizada.

YO Y MIS CIRCUNSTANCIAS.

Cuando Aristóteles sobre la Verdad, afirma que ésta es cuando lo dicho se corresponde con la realidad, y mentira, su antítesis es cuando lo dicho no se corresponde con lo real. Por cuanto lo que es. Así podemos releer la expresión anterior al mundo de Sócrates al que Aristóteles pertenece, del hebreo Yavé, Yo soy el que Soy. Identificándose la expresión como la refutación del Yo soy la Verdad de Jesús. Pero también de la expresión egipcia de los círculos isíacos, de la diosa Isis, que significa Soy la que Soy. Is Is, - Soy Soy.-

Toda expresión indica algo, un acto o una cosa. Pero Aristóteles afirma que Verdad está cosida de forma íntima y profunda a la palabra. Cuando el sabio griego afirma que Verdad es cuando lo dicho se corresponde con la realidad, se refiere a una expresión verbal. La Verdad es una expresión que identifica. No es un sólido a identificar.

Pero sabemos que toda palabra proviene de una idea y ésta de un instinto, impulso o sentimiento. De un brote enérgico que mueve al individuo al acto de la expresión como exhalación de aquello que vibra en su interior. Tal sería la palabra. La exhalación de la vibración interior. Y la Verdad si dicha vibración exhalada se corresponde con la realidad. O sea. Si el individuo siente y para tal caso, convive con su entorno, podrá estudiar y dilucidar las verdades de la realidad. En plural verdades, si. Eso sí, como diría Kant en crítica de la Razón, Ajeno a su interés o miedo. Ligándose por cuanto al término Verdad un segundo término. Sincero. Aquel que es sincero está más cerca de la Verdad, pues advierte a su entorno sin cambiarlo o decorarlo con interés o miedo.

La ley afirma ante la expresión máxima de su autoridad, el juicio y el acto de testificar ante el tribunal, que el individuo ha de narrar los hechos acaecidos ciñéndose netamente a la Verdad. Pero a su vez todo el cuerpo legal desde los derechos humanos a los tratados comerciales, pues es así la esencia misma del capitalismo. Se permite una y otra vez la legalidad hasta convertirla en norma que normalice la convivencia, de la búsqueda del beneficio y de la huida del problema o causante del miedo, surgiendo el papel protagonista de la búsqueda del beneficio constante, pues ésta también elude el problema o la pobreza. La ausencia de incluso el perfume lejano del peligro a la supervivencia. Miedo.

Preguntándose uno.

¿Cómo un individuo, y por ende una sociedad por reiteración y multiplicidad de individuos repetidos, va a vivir y declarar por ley, por miedos y beneficios, que es la razón que imprime potestad de cumplimiento la ley, decir la verdad sin interés ni miedo?. Cuando el interés y el miedo es intrínseco al estilo o modo de vida tradicional contemporáneo. Y este instinto no surge de una cultura madre que canaliza una idea. Surge del alimento cognitivo. El cerebro neurológicamente no busca la razón o la verdad o la justicia. Siempre busca la supervivencia y el beneficio. De tal instinto natural surge la realidad actual. Esto recuerda al cuento apache de a cuál lobo alimentar. Dependiendo de si el alimento se lo das al lobo furioso, tendrás espíritu furioso.

El capitalismo tiene una norma subsidiaria en su esencia más profunda. La búsqueda constante e ilimitada del beneficio, y la huida de todo riesgo o miedo. ¿No nos aleja todo esto de la Verdad tan ansiada por el humanismo? Dejamos de ser humanos, cuando ya no perseguimos la verdad. Siendo ésta, la Verdad, y su búsqueda, el ejercicio que nos humaniza. Si esta afirmación es cierta, el ejercicio involuntario y alejado del Ego de Freud, del análisis de la realidad a través de su observación razonada o de su implicación, (socrático por su visión razonada, o presocrático, por su visión empírica de la experiencia), causará un punto de encuentro social donde la convivencia emerge desde el interés de la comprensión común del entorno, que es aquello que nos une. Y no me refiero a región o nación. Pues es una visión idealizada, por poder o política, del entorno natural que nos reúne. Es una tergiversación de un buen inicio de punto de unión natural. Y al decir natural me refiero a Verdad. Pues presenta una realidad cuantificable y analizable que es la misma, antes de cualquier acción. O sea. Cosida a un origen natural de las cosas, por cuanto predispuesta a mantenerse en el tiempo natural de las cosas. Todo aquello que se altere, puede por capricho o necesidad volver a ser alterado.

Una vez más, lo expuesto hasta aquí surge con voz propia, al advertir que es la mente la que en verdad busca el beneficio y la que imprime el impulso de supervivencia para causar el temor, la que nos aleja del entorno natural y con dicho alejamiento, se inicia el alejamiento del individuo y la sociedad de la realidad colindante o circundante que nos rodea. La existencia de Gasset ante el yo. Hay que trabajar dicha unión del filósofo español, donde Yo y mi existencia han de ir de la mano. Y se separan me convierto en un iluso, que fue el éxtasis existencial del neolítico, cuando el hombre natural advierte que puede cambiar el orden de las cosas que le rodea, para crear y dar forma a su ilusión. Y la revolución industrial la gran borrachera de este inicio cognitivo como esencia de existencia.

Pero… dicha ilusión es autónoma de sí mismo. Mas el entorno pertenece a todos. Y cuando el entorno cambia, la identidad del ser íntimo de cada uno y de cada cultura y sociedad, también cambia por sus células espejos que se adecuan al medio en el que viven para sobrevivir. Es el principio mismo del darwinismo evolutivo.

Pero ante toda esta búsqueda de la verdad, también tenemos la visión de Heráclito, con su gran río en el que nunca te puedes bañar en sus mismas aguas, pues todo fluye como también afirma el filósofo francés contemporáneo, Zygmunt Bauman, con su expresión líquida sobre la realidad del hombre que le rodea en la actualidad.

Pero como bien aclara Heráclito, el río sigue siendo el mismo río, pero no. Pues sus esencias, sus aguas constantemente han cambiado. Pero el sitio que tiene, su identidad de lugar o anchura o cuantía de caudal… todas las características identitarias que se le puedan inscribir al río que lo concreten, siguen siendo las mismas, para permitir afirmar que externamente, es el mismo río. Pero internamente no.

Esto nos lleva a la expresión sobre la legalidad de la ley, que Jesús realiza al afirmar, que "La ley no ha de estar escrita en piedra, sino en los corazones de los hombres", por cuanto este acto desnuda de autoridad a la ley y la convierte en una norma, que causa un hecho cotidiano, normaliza el comportamiento de la sociedad y del individuo en su día a día, generándose aquí, con Jesús en el año 30 de nuestra era, la primera expresión de Biopolítica o mejor dicho, de PolíticaBio. Donde la Vida, (Bio) es política, o la Política a través del corazón o sentimiento o costumbre mantenida por los hombres en sus modos de vida se convierte en vida.

Pero volviendo al Yavé hebreo, comprendido como todas las religiones adquieren su clero, afirmando que su Dios es un dios exterior y creador o hacedor de la existencia. Por tal característica, exterior y hacedor, necesita el hombre de la adoración. Para así contactar con él. Pelotear con dios. La propia expresión de Yo soy el que soy, es identitaria de alguien que no es Dios. Pues al afirmar Yo, es una identidad individual y concreta. Limitada. Al afirmar después soy. Se refuta como identidad. Yo soy. Y bueno. ¿Qué eres? La expresión última. El que soy. Una refutación de lo concreto, para a través del ejercicio deductivo de la Verdad, presentarse.

Como afirmó Aristóteles, la Verdad es la expresión verbal que narra una realidad sin error, pero no es la propia realidad, si no su expresión.

Pues bien, Yavé, como vemos. Ni es la realidad, ni tampoco su expresión verbal. Sino que juega con dicha expresión para presentarse a sí mismo.

Más bien el Yo soy el que soy se presenta como un ejercicio de iluminación personal humana, que el hombre puede alcanzar un humanismo dorado al desprenderse de todos los baluartes que lo condicionan, y al verse desnudo ante la realidad.

Se convierte en un ser que limpiamente es. Sin conducta, sin miedo, sin deseo. Más bien, la expresión te puede llevar en dicho análisis, a un budismo monacal o de meditación, donde como también la Biblia afirma, "quédate en silencio, (profundo), y me hallarás".

Para aclarar la síntesis de lo expuesto sobre el dios monoteísta bíblico y coránico, lo podemos comparar con la visión taoísta del filósofo chino Lao Tsé, en su obra Tao te King. En su primera enseñanza sobre el Tao, éste afirma para describirlo:

"El tao llamado Tano, no es el Tao eterno. El nombre que puede ser nombrado no es el verdadero nombre. El principio de cielo y tierra no tiene nombre. Con nombre es la madre de los diez mil seres. Por eso, aquel que se libera de deseos, contempla la secreta perfección. Aquel que se llena de deseos, contempla solamente sus fronteras. Los dos nacieron juntos, pero llevan distintos nombres. Juntos se llaman el misterio. Misterio más profundo del misterio y son la puerta de toda maravilla.".

Opino que la mayor divinidad que el hombre puede alcanzar es su humanismo. Y éste radica en lo benévolo del acto de convivencia. Deduciéndose que el humanismo es la acción que hace al hombre sociable por naturaleza, como afirmó Sócrates, que es el reducto que le queda aún al hombre de convivencia con su entorno. Convivencia respetada no dominada, como insinuaría Maquiavelo en su Príncipe, movido más este gobierno, por el miedo y el deseo de mantenerse.

Esta expresión es oriental, pero como vemos, muy occidental romana. Hay que fluir como el agua del río, pero manteniéndose como el río constante e imperecedero. Esta ligadura paradigmática puede ser la Verdad. Y manteniendo el canon religioso del Yavé y del Dios, llegamos a Espinoza, donde advierte que el dios religioso y exterior, o sea, este Yo soy el que soy, es un dios que en su expresión aclara que no soy yo. Y que es limitado a su ser y su yo.

Esto sería un Tios, para que al no creer en su clero o dogma, acontezca el término ateo.

Pero el término Dios, Deus, Zeus, proviene de una visión más íntima del ser interior. Espinoza advierte el concepto de Dios como naturaleza, como la entidad que nos rodea. Ya Jesús también afirmó en su auto divinidad, "yo soy la luz, levanta una piedra y allí me verás…". Aquello que está en todos los sitios. Hoy día podemos decir la gravedad. O como afirma Paulo de Tarso, como si fuera un Gnóstico, "El Cristo interior".

Hay una fuerza intrínseca en el individuo que es aquella que impulsa su movimiento o expresión, aquella que lo rescata de la inacción y lo ciega hasta llevarlo a una acción cognitiva y mental desbordante. Que es la mente.

Como vimos antes, toda mente o expresión verbal surge de un impulso sentimental, el cuál es una reacción de convivencia con los entornos. Lo que une a mi yo con mis circunstancias. Lo que yo haga en dicha gestión diaria, será la herramienta de mi identidad más profunda. También podemos en la religión hallar esto. "el árbol se le conoce por sus frutos". El texto sigue de una forma muy inquietante para la visión filosófica e histórica, cuando pensamos en la época y edad. No hay árbol bueno que pueda dar fruto malo, ni árbol malo que pueda dar fruto bueno. "Cada árbol se conoce por su fruto: no se cosechan higos de los espinos, ni se recogen uvas de las zarzas. El hombre bueno dice cosas buenas porque el bien está en su corazón, y el hombre malo dice cosas malas porque el mal está en su corazón. Pues de lo que abunda en su corazón habla su boca". Lucas, 6-43.

El final de la enseñanza cristiana confirma en la visión profunda que Jesús en su época, ofrece sobre el ser y la palabra. A recordar que el libro sagrado del judaísmo se le llama "La Tora", que significa la palabra. Pues sobre ella, Jesús afirma que ésta brota del corazón, entendiéndose corazón del sentimiento que uno tiene por causa de su relación con lo que le rodea. Con su entorno o circunstancia.

El bien y el mal trascienden de la relación mantenida con la convivencia.

Esta visión de bien y mal como la expresa el cristianismo, se advierte como si bien y mal fueran unas potencias propias de la creación o existencia. Igual que está un río o una montaña, también está el bien y el mal. No es una idea relativa de juicio o prejuicio, si no es una existencia más de la Verdad. Esto una vez más es Biopolítica moderna contemporánea.

O toda la realidad es política pues mide el funcionamiento de la convivencia tanto social como con el entorno natural o civilizador del individuo, o este entorno o circunstancia que me rodea se relaciona conmigo.

Y en esta relación por la que buscamos el humano o humanismo, símil éste de buenismo y bueno. Por cuanto de bien. Podemos decir que el hombre es un lobo para el hombre. Pero aún existe. Aún no se ha engullido o comido. Aquello que hasta ahora ha permitido que el hombre en su carrera de autodestrucción seguir con su existencia. Es a lo que tenemos que llamar humano o humanismo.

La visión de la evolución de las especies como el triunfador más fuerte que siempre se ha tenido en la antropología evolutiva hoy día la advierto como un error. Si fuera así, no habría enfermedades físicas. El cuerpo humano se habría adaptado tan notoriamente al entorno natural para su supervivencia física por sus valores de fuerza y adecuación al medio por encima de otros más débiles. Que sólo el fuerte y sano prevalece. Sin embargo todo el mundo en algún momento enferma o padece de hambre y sed, como dependencia al medio.

Sabiéndose que no todos los medios naturales ofrecen agua y comida en todo momento. Aconteciendo así un paradigma sobre el concepto de fuerza evolutiva y supervivencia, ¿quién es más fuerte el que caza para comer, o aquel que se adecua al medio para comer hierva o tierra, y así no morir ni nunca le falta alimento?

Sin embargo, comemos, enfermamos, cazamos, recolectamos, criamos y sembramos, y ahora fabricamos, porque necesitamos elementos esenciales o como lo llama el capitalismo, materia prima. ¿No es eso una relación clara del Yo con el entorno natural del que se procede?